萧乾 主编

新编文史笔记丛书

第四辑

48

衡嶽漫話

◎湖南省文史研究馆 编

●彭小峰 主编

中華書局

目录

人物实录

文坛记事

学宫琐记

艺苑寻踪

芙蓉漫游

湖湘特产

民俗杂谈

体育遗闻

楹联佳话

序

萧 乾

读书界向来对野史有所偏爱。野史大多是信手拈来的历史片断,且往往出自亲历者之手。文直事核,不虚美,不隐恶,而文笔潇洒自如,意味隽永,自然朴实,篇幅不长;可以摊开来仔细咀嚼,也可供茶余酒后、行旅倥偬中,随手浏览。

鲁迅在《华盖集》中,曾几次对野史表示过好感。在《忽然想到》一文中写道:“历史上都写着中国的灵魂,指示着将来的命运,只因为涂饰太厚,废话太多,所以很不容易察出底细来。正如通过密叶投射在莓苔上面的月光,只看见点点碎影。但如看野史和杂记，可更容易了然了，因为他们究竟不必太摆史官的架子。”又在同书《这个与那个》一文中说：“野史和杂说自然也免不了有讹传，挟恩怨，但看往事却可以较分明，因为它究竟不像正史那样地装腔作势。”

全国文史研究馆所编的《新编文史笔记》丛书，内容也属野史杂说的范畴。我们希望这些以亲闻、亲见、亲历为主的轶事掌故、琐闻杂记，写人、事而摒除误会曲解，述历史而符合真实面目。

作为一种短隽有味，文字清奇而又雅俗共赏的文学体裁，笔记在中国具有悠久的传统。它始自魏晋，盛行于宋代。南朝刘义庆的《世说新语》，北宋沈括的《梦溪笔谈》，南宋陆游的《老学庵笔记》，明朝张岱的《陶庵梦忆》，清朝纪昀的《阅微草堂笔记》以及20世纪30年代初丰子恺的《缘缘堂随笔》，都是文学史上的奇葩。然而，近年来笔记乏人问津。因此，我们出这一套书，也包含着挽回颓势之意。

全国三十二所文史研究馆拥有雄厚的稿源，两千多位馆员和各馆联系的社会人士，都是丛书的撰稿人。他们都是文史界的耆宿，见多识广，阅历丰富：有的反对过帝制，有的在“五四”运动中扛过大旗，他们目睹过军阀的横行霸道，也经历过艰苦卓绝的八年抗战。这些历尽沧桑的饱学之士，他们的所见所闻，都是弥足珍贵的史料。

本丛书分辑出版，分别由各地文史研究馆编辑，内容亦以本乡本土为主。因此，各册势必具有浓厚的地方色彩。

本着笔记固有的传统，所收各文题材不嫌庞杂。举凡与文史有关的政治、经济、军事、文化、社会等方面，或记闻见杂事，或叙往昔交游，或忆社会百态，均在搜罗之列。时间跨度则自清末以迄1949年为止。这正是中华民族从闭关自守到走向世界，从落后羸弱到奋发图强，是天翻地覆、风起云涌的大半个世纪。其间，发生过多少可歌可泣的事迹，涌现过多少杰出的人物。以这一时间跨度为背景题材写出的笔记作品，必然是内容最为丰厚的。

在选稿标准上，我们坚持史料一定要真，内容要新；既要防止以讹传讹，也力避炒冷饭。在写法上务求短小精悍、生动活泼。每篇以千字为度，希望借此在文风方面，提倡一下简约。在版式上，则想做到既利于阅读，又便于携带。

恳切希望文史界方家及广大读者，不吝赐正。

楚材之盛第一人

吴容甫

陶澍(1779—1839),字子霖,号云汀,湖南安化人。他十八岁入县学,二十三岁中举,二十五岁登进士第,以后历任安徽巡抚、江苏巡抚、两江总督,成为统率一方的封疆大吏。陶澍是清代嘉庆、道光时期第一个比较开明的革新家,他的政绩、人品有很多地方值得称道,特别突出的是他的提携人才,知人善任。

道光十七年(1837),陶澍任两江总督时由江西回湖南,行至醴陵,醴陵知县请当时任渌江书院山长的左宗棠写了一副对联,悬于陶澍下榻的行馆：

春殿语从容，廿载家山，印心石在；

大江流日夜，八州子弟，翘首公归。

"春殿语从容"，指两年前道光帝接见陶澍，并为陶的书斋"印心石屋"御书匾额的事。联语气势雄浑，陶澍一见极为赞赏，当即约见左宗棠，这是他们两人订交之始。翌年，左会试不售，下第南旋，路过南京晋谒陶澍，陶热情款待，并将自己的幼子陶桄与左宗棠之女约为婚姻。陶澍大左宗棠三十多岁，名显位崇，而左当时还是一个连进士都没有考上的穷举人。

胡林翼是陶澍的女婿，少负不羁之才，声色自娱。一日，陶澍大治筵宴，席间纵谈古今豪杰敦品励行、建功立业事，婉言微讽。胡林翼极为感奋，当即折节读书，绝意冶游，终于为清王朝立下了汗马功劳。

陶澍于道光十九年(1839)死于两江总督任上。林则徐任江苏巡抚多年，是陶澍的下属。陶澍非常敬佩林的人品，遗疏向道光帝推荐他接任两江总督，但当时林则徐已奉道光帝之命赴广州禁烟去了。陶谢世时，林送了一副挽联：

大度领江淮，宠辱胥忘，美谥终凭公论定；

前型重山斗，步趋靡及，遗章惭负替人期。

上联对陶澍的人品和政绩作了充分的肯定，下联则对陶的推荐表示了自己的惭愧和感激之情。

清代道光、咸丰以后，湖南人才辈出，“惟楚有材，于斯为盛”，陶澍不仅自己是一个不可多得的人才，而且他能识左宗棠、胡林翼于未达之时，可以说是“楚材之盛第一人”。

魏源与《海国图志》

力　希

魏源生于乾隆五十九年(1794)，卒于咸丰七年(1857)，湖南隆回县人。字默深，取义“默好深思还自守”、“言立不如默成”，这正是魏源的性格特点。

他自幼读书勤奋，常“篝灯夜读，彻宵达旦”。1813年，他就读于岳麓书院，深受湖湘学派民族爱国主义思想及“经世致用”学风的熏陶。次年春，他来到各种思想汇集的北京城，一边教授幼童，舌耕不辍，一边广泛交游，切磋学问。这段日子是他一生政治、学术思想的转折点。他多方结交师友，其中对他一生有重大影响的当首推陶澍、贺长龄、林则徐、龚自珍等人。他们有个共同的特点，就是提倡经世致用，力求改革弊政，重视实干精神。魏源坚决支持林则徐的禁烟抗英政策。鸦片战争后，林罢遣新疆，魏源受林之托，将林多年收集的资料和《四洲志》初稿扩

充、整理，花费十年心血，编撰了著名的《海国图志》。

这部著作内容丰富，被誉为百科全书。魏源在自序中谓此书“为以夷攻夷而作，为以夷款夷而作，为师夷长技以制夷而作”，充分表达了他炽热的爱国主义思想。全书于 1852 年增补为百卷本，九十万字，大致分为六个部分，包括《筹海》四篇；世界地图及各国分图七十八幅；世界各国的地理位置、历史沿革、政治制度、物产矿藏、宗教信仰、风土人情、中西历法、中西纪年对照通表等七十二卷；船、炮、枪、水雷等武器制造图、西洋技艺、望远镜做法资料、用炮测量方法及测量器具等十二卷；《地球天合论》五卷；鸦片战争有关档案材料及林则徐组织译集的国外情报资料。这部书对中国近代学术思想及中外文化交流有着深远的影响，对英国殖民者的侵略扩张本质作了比较深刻的揭露，为国人敲响了时代的警钟。

西王碧血溅长沙

黄孝旸

太平天国革命早期的著名将领萧朝贵，是广西武宣县卢陆洞人，出身于贫苦农民家庭。他骁勇善战，素以胆智自豪，因累建战功，被封为西王。

1852年6月9日，太平军从广西进入湖南永州地域，连克道州、江华、永明等县城。8月17日占领郴州。萧朝贵探知清军集中衡州，而长沙兵力单薄。于是自请率领曾水源、李开芳、林凤祥三将，带兵两千名，绕过衡州，经永兴、安仁、攸县、醴陵直逼长沙。太平军一路势如破竹，9月10日傍晚抵达长沙南郊洞井铺一带，翌日清晨太平军打着清军龙旗，诈称援军，冲入驻扎在石马铺的清军总兵福成的营房。清军毫无准备，措手不及，福成及副将尹培立、参将萨保、都司塔勒等均被斩，此役歼灭清军二千多人。当时驻扎在城郊金盆岭的副将朱瀚，前往支援，亦被歼于黄土岭。

当清军溃兵散勇蜂拥入城时，帮办军务的罗绕典听说太平军已抵城郊，急令守军关闭所有城门。萧朝贵率领大批人马来到南门城下，见城门紧闭，遂扎营城南妙高峰、鳌山庙一带，利用山丘高地，修筑炮台，准备发炮攻城。9月12日萧朝贵出兵再战，清军不战自溃，被太平军一直追到城下。是日黄昏后，萧带领部将，潜来南门城下观察阵地。不料清军从南城墙西角魁星楼上发射一发炮弹，伤萧左胸。部属立即将他抬回营房，进行抢救，终因伤势过重，流血过多而于当晚牺牲。这是太平军的重大损失。为安定军心，太平军对这次不幸事件秘而未宣，暗地里将西王遗体掩埋在老龙潭山上，全军仍继续攻城。

因此除太平军主要将领外，一般官兵及清军当时均未获知萧牺牲的消息。以后正史及各类史料只笼统地说西王在长沙攻城战斗中被炮击阵亡，但不知究竟在何时何地及负伤的具体情况。直到 1976 年英国伦敦大学出版了《东方与非洲研究公报》第 39 卷第一部分载有《一件迄今尚未公布过的太平天国文件》一文，转录了太平军曾水源、李开芳、林凤祥三将领于萧朝贵负伤殉难当晚给在郴州的太平军领袖的报告，人们才得知其牺牲经过详情。

张百熙与京师大学堂

伏家芬

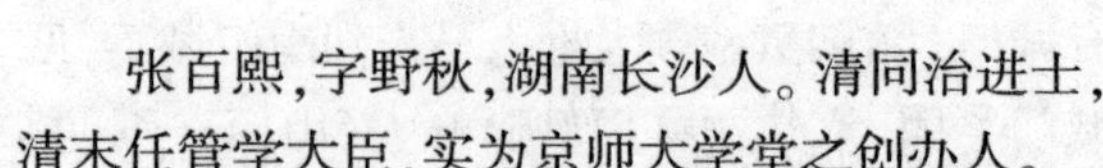
张百熙，字野秋，湖南长沙人。清同治进士，清末任管学大臣，实为京师大学堂之创办人。

张百熙办学，苦心孤诣，有武训风。他想网罗天下名流出任教席，当时桐城经学大师吴汝纶，德高望重，张便以直隶州奏请加五品卿衔，聘为大学堂总教习，可谓殊荣重典。可吴汝纶坚辞不就，张百熙于是官服顶戴，登门拜谒，长跪不起，言："我为全国求人师，当为全国生徒拜请，先生不出，如中国何？！"汝纶感其诚，始应命。

张百熙自受命后，很想有一番作为，但当时

的权臣如荣禄、鹿传霖等，思想保守，不满张的作为，处处掣肘。御史王某密奏说：清朝定制，各部堂官都是一满一汉，今大学堂仅一汉大臣，这是产生弊端的渊薮。清廷乃加派满人荣庆为管学大臣。按例规，凡满汉同官，必满人掌权。荣庆至，主观独断，百熙的办学主张不能实行。后又加派孙家鼐为学务大臣（原管学大臣改称），至是，张降到了“第三把手”的地位。

后来，正当张为京师大学堂擘画经营，筹设分科大学，并开始筹建校舍的时候，清廷采用袁世凯建议，正式成立学部，以荣庆为尚书。百熙只好辞去学务，离开自己心爱的事业。张当年虽厕身通显，但清廷对汉人歧视，使他处理人际关系时有难言之隐。朱德裳说：“京师大学堂欲杀羊作生物学试验，管学大臣专折奏闻，奉旨：核准。张百熙小心谨慎如此。”(见《三十年间闻见录》)盖慈禧生肖属羊，言“羊”犯讳，何况杀之，故张不得不请示。戊戌政变后，张终因荐康有为获罪，被革职留任。

张百熙善诗工书，有《退省轩诗集》遗世。他的老家在湖南长沙县沙坪乡照壁屋。建国初期，笔者任教长沙县，犹及见当地群众指称之“宰相屋里”，第宅宏大，后改为粮仓。

湖南第一个基督教会

李雍吾

清朝晚期，英国伦敦传教士曾几次企图从武汉通过岳阳进入湖南传教，终未实现。

1888 年，美国长老会差传教士凌霄志和梅克医师从广东连州进到湖南南部临武县考察，希望在当地设立教会，随即返回广东。

1894 年，凌霄志再次由连州到临武，以一百银元租到李姓房屋一间，租期十年。由于惧怕百姓反对，不敢挂“福音堂”牌子。后房主族人得知，不准在这房子里传教。凌氏乃购置材料准备自建房屋。但李姓族人仍坚决反对，并抢走木料，打伤房主。房主逃到凌霄志住的旅馆，群众追踪而至，毁旅店，打房主，然后将房主捆走。凌氏向当地县府交涉，要求：一、教堂要重建；二、教徒的被毁房屋要修复；三、损失的物件要赔偿；四、对为首肇事者予以惩罚；五、出告示保护教堂及教徒信教的权利。

县府在威逼之下，虽同意凌霄志所提的条款，但并没有照办。凌氏乃上告到北京美国大使馆及驻上海、武汉的美国领事馆，并向清政府提出抗议，清廷不得不行文督办。1894 年，凌氏在临武建立了湖南省第一个基督教教会。第一位热心信徒李如金原在连州传教，此时回到临武传教并发展其邻居入教。接着，凌氏又在嘉禾县建立了第二个教会。以后湖南许多县市也相继出现了基督教教会。

回忆孙中山先生

萧仲祁 遗稿　田 戈 整理

我于前清光绪癸卯(1903)乡举后，经湘抚赵尔巽派赴日本学习法政，翌年甲辰(1904)到东京。越年，孙中山先生亦到东京，留日学生在曲町区富士见楼开大会欢迎，我躬逢其盛。会后旬日，寓居九段中坂的长沙陶梦蛟，延中山先生到其寓楼晤谈，并约我与四川周先登、长沙何维道、平江李积芳等同学陪晤，大家在小房内席地而坐。中山先生长跪举手，宣布同盟会以“驱除鞑虏，恢复中华，建立民国，平均地权”十六字为会纲。我们集体加盟，宣誓遵守。旋有肄业农科大学的皖南程家柽约我与贵州复同和、湘潭胡子靖到两国桥酒家，与宫崎寅藏等商谈反清大业，中山先生也在座。他勉励吾辈云：“我倡议革命多年，曾偶有挫失，地方官吏士绅不敢捕拿，也不愿举报，恐报捕不获，反受斥责，故相率掩饰。诸君要看清形势，除掉恐怖心理，乃有进步的希望。”词意慷慨，全座感动。

1917年我随谭延闿到广州，寓广泰楼，与中山先生再次晤面。因谭急需回永州驱逐张敬尧，谋湘省治安，我只能与中山先生匆匆晤语。是时，先生正与陆荣廷、莫荣新失和，意欲谭调停其间。我与张子武力赞之，而谭另生疑虑，不愿参加，致失此机会。我追悼谭的诗中有句云“书生开国寻常事，大业蹉跎广泰楼”，惋惜他不早与中山先生携手。中山先生生活清俭，在东京时常常步行，在两国桥酒家宴席上滴酒不沾。广州总统府本系士敏土厂旧址，门庭破旧，不加修葺。宁乡陈家鼐告我云：“总理安于卑陋，生怕劳费，其上海香山路七号两层楼房，亦朴素不华。府中客厅仅白开水一壶，不设烟具茗具。衣着朴素整洁。”

中山先生自少嗜学，终日手不释卷，铅椠不离左右。早作晏罢，亦无倦容。写字点画不苟。谭延闿赞叹先生书法有唐人写经的楷则。我曾见其讲演手稿，皆端谨无一率笔。文卷信电，每日必校阅整理而后休息，其勤如此。先生生平豁达大度，于人无所不容。左右人才，百流并进，皆推诚见之，不念旧恶。

护国运动杂忆

黄一欧 遗稿 叶 素 整理

1913年3月20日，宋教仁在上海车站被刺身亡。袁世凯令江苏都督程德全，民政长应德闳缉拿凶犯。案情很快查清，真正主使刺宋的，不是别人，正是颁令缉凶的袁世凯。当时，孙中山先生由日本赶回上海，和先君黄兴等密商对策。大家激昂愤慨，主张立即兴师讨袁，并分别联系各方组织兵力。

袁世凯这时步步进逼，一面密电张勋及山东都督周自齐作好军事上的动员准备，一面不经国会通过，大借外债。5月16日，在袁的唆使下，自称“女子血光团”团长的周予儆，投案“自首”，伪称奉“血光团”团长黄兴命来京进行暗杀，以陷害先君。北洋军高级将领冯国璋、段芝贵、张勋、王占元、曹锟、张作霖、卢永祥等多人均纷纷通电拥袁，反对国民党。一时阴云四起，局势危急。先君认为在大局危迫、兵力不足恃的情况下，要慎重从事，有些在野名流也劝告不要轻动干戈。但孙中山先生意志坚决，主张出兵讨袁。而汪精卫、胡瑛等则极力主张对袁妥协。

袁世凯对南方的军事部署完毕，向五国银行团的大借款已到手，便于6月9日下令免去江西都督李烈钧职。李到沪后，受到党人责难，说他握有兵权不应轻率离职。于是李又于7月8日偕林虎、方声涛等潜抵江西湖口，12日宣布独立。江西省议会举护军使欧阳武为都督，李烈钧为讨袁军总司令。当时孙中山先生准备赴南京主持讨袁。先君于7月14日由沪到京，随即召开军事会议，研究讨袁部署。次日偕秘书长章士钊往见江苏都督程德全，由程宣布独立，先君被推为江苏讨袁军总司令，随即成立讨袁军司令部，并发布告将士檄文，略称：

> 程都督内察舆情，外察大势，知非扫荡逆贼，不可以保全共和，爰循众军士之请，委兴为江苏讨袁军总司令。兴德薄能鲜，义无可辞，乃率将士，即日誓师，联合各省义军，奋旅北伐。但使民贼授首，国基大定，兴即退避贤路，与国人共享升平。

江苏讨袁军刚刚渡江北伐，程德全便偷偷离开南京，跑到上海，后竟与应德闳通电声明独立出于逼迫，并非己意。先君当时军饷匮乏，程德全一走了之，上海、湖口等地讨袁军事失利的消息相继传来，形势突变，事与愿违，只得匆匆离开南京。后孙先生和先君以及国民党一批骨干只好秘密东渡，准备发动“三次革命”，推翻窃国大盗袁世凯。

我被汤芗铭逮捕前后

萧仲祁 遗稿　叶　浓 整理

1913年7月，原由袁世凯任命为湖南都督的谭延闿，在中山先生发动的讨袁战争（“二次革命”）中被迫宣布独立，当时我在都督府内务部任司长。袁派郭人漳为湖南查办使，郭不敢来湘，滞留汉口。讨袁失败后，湖南于同年8月13日取消独立，袁世凯又派汤芗铭为湖南查办使，蓄意夺回湖南地盘。

汤芗铭绰号汤屠夫，是光绪癸卯科举人，我也是同年中举的。他的哥哥汤化龙是清末我在日本东京法政大学的同班同学。汤芗铭初来湘时，我和他见过几次面，彼此倾谈畅饮，甚为融洽。他一再表示对湖南问题将尽调解责任，凡曾主张反袁者将尽力保全，以“修行积德”。袁世凯最初来电报叫汤芗铭拿办“乱党”，他还有意保全，只捉了筹饷局长伍任钧等三两个人。但自胡瑞霖到湘后，情况就不同了。胡是湖北人，阴险毒辣，诡计多端，由汤化龙推荐来湘，汤屠夫的暴政如抄、押、杀是从胡瑞霖到后开始的。

1913年10月10日清早，我吃过早饭，准备坐轿子去内务司办公，汤芗铭忽然派人持名片来，请我往都督府谈话。我到都督府，汤并未出

见，我正感诧异时，一个副官模样的人对我说："今天都督请司长来，是有事情要查问。"随后不久，财政司长杨德邻、教育司长唐联璧、湖南银行协理陈光晋等人，也陆续被"请"进了都督府。

我们在都督府停留不久，就被送到内务司。当天同时被捕、分地关押的还有湖南省银行总理章克恭、会计检查院长易宗羲、富训商业学校校长文经纬等共十多人，他们都是国民党党员。

10月12日晚，汤芗铭派人用轿子把杨德邻接走。我们原以为是提审，谁知变生意外。就在当天深夜(13日凌晨)，杨与伍任钧、易宗羲、文经纬等4人，被汤枪毙于贡院坪。他们都是坚决反袁的激进分子。

杨德邻遇害后装殓的棺材上面写有"萧仲祁"三字，可见我也被列在应处死者的名单内，并且已经为我准备了棺材。当天道路传闻，举家惊骇，及至内务司，看到我尚在押，犹能幸免，不禁悲喜交集。

过了一个多月，汤芗铭将我与唐联璧等五人移到司禁湾监狱，拘押一年多，1915年春才释放。我即奔湘乡潭市，入山侍亲，不问外事。这年秋天，汤芗铭按照袁世凯指示，准备召开"国民代表"选举大会，扮演所谓"国体投票"的丑剧，邀我晋省议事。这时我已看穿他们的诡计，婉辞谢绝了。

康有为莅长往事

王启初

康有为因其弟子梁启超1897年至1898年主讲长沙时务学堂，他本人又与戊戌六君子之一的浏阳谭嗣同有师生之谊，故久有旅游长沙的想法。

1924年1月26日，在全国舆论哗然，指责康圣人游历陕西攫夺卧龙寺藏经的风声下，康置若罔闻地实践了他的长沙之游。抵长时，省长赵恒惕等人派军乐队至车站欢迎。康氏随员有徐良等数人。

抵长次日，康有为冒雪渡湘江登临岳麓山。28日上午应赵恒惕之请去又一村省长公署赴宴。因康氏书法享有盛名，故当日求书者络绎不绝，康于来者不拒，一一应允，至夜作书未辍。

当康有为入省署时，曾以小铜像一尊、汉瓦一块及自书对联一副送给赵恒惕。赵则回赠银洋三千元作为程仪，并外送时值千元的古书、湘绣、竹雕及漆器等。

1月28日下午二时，康氏又应湖南各界邀请，由著名教育家方克刚陪同去教育会演讲，听讲者二千余人。他在报告中说湖南是中国文化荟集之地，名流辈出。他的门生谭嗣同、蔡松坡生前多次邀他来湖南，均未能如愿。这次能有机会旅湘，真是平生快事。然后，他又就“军权”及“民权”的问题，发表了长篇演说。是晚乃乘专车去武昌，转往上海。

当其游岳麓山时，曾赋七绝及五言律诗各一首，均写成横批。此两幅横批，“文革”前我在长沙国粹古玩店为省博物馆购藏。

其七言绝句云：“白雪亭中白鹤泉，我来踏雪挟飞仙。上下松坡祠墓在，摩挲宰木欲参天。”下注“癸亥腊偕徐良、李鸣九、宋煜恩、龚性田踏雪登岳麓访蔡松坡弟祠墓于白雪亭”。

另五言律诗云：“人迹闢幽壑，天心爱晚晴。群山皆换玉，万树缀飞琼。北海碑伤破，南轩诗续成。光摇银海冻，踏雪快平生。”下注“癸亥十二月二十二日偕李鸣九、徐良、宋煜恩、龚性田踏雪同游爱晚亭留题”。

程潜南京脱险记

唐菊庵 稿　王　卅 整理

1926、1927年之交，国民革命军在长江以南各省捷报频传，广州国民政府随之北迁，于1927年元旦开始在武汉办公。这年春天，第六军军长程潜任江右军总指挥，率部沿长江南岸东下。其时我担任江右军总指挥部秘书，亦随军东征，于

3月24日进入南京。

总指挥部驻扎在南京城内三元巷。有一天，我正在夫子庙闲逛，程潜的卫士萧家吉匆匆忙忙跑来对我说:“程总指挥叫你跟他出差。”回到指挥部以后，军需处送来中国银行钞票一万多元交我携带备用。我跟程同车到下关江边上船。随行人员除我以外，还有第二军参谋长岳森、副官罗友松和卫士萧家吉等。我们乘的是一只小火轮。当轮船开动后，我问程:“颂公，我们有什么任务?”他非常严肃地答复说:“蒋介石要造反了，我们往汉口去!”我这才恍然大悟，为什么走得这样匆促。当我们的小火轮上驶到大通江面时，忽然发现后面有一只兵舰在破浪猛追，不久就逼近小火轮了。兵舰上有人高声喊话:“停船!停船!”程潜穿的是便服，他心知有异，急忙躲进火舱里匿藏下来。兵舰越靠越近，有人又在喊:“程总指挥在不在船上?”我们回答:“不在!”兵舰随即靠拢了小火轮，一军官来到船上说:“总司令(指蒋介石)请程总指挥回南京去，有紧急的事和他磋商。”岳森挺身而出，回答说:“程总指挥不在这船上，只我一个人在这里，有什么事找我好了。”这军官面带怒容，左顾右盼，问这问那，与岳森纠缠了约半点钟，但未在船上进行搜查。大概他怕回去交不了差，便将岳森带到南京去了。

我们的小火轮继续上驶，将近秋浦时，程对我说:“蒋介石定会再派兵舰来追的，我们即刻

上岸去。”我们一行七人，沿着一条小路走了十多里，见天色已黄昏，便借宿于秋浦县境一个小镇的农民家里。当晚我赶到县城，打电报给在九江的第六军参谋长唐蟒，告知脱险情况。次日清早，我们继续步行到湖口。这时，唐蟒派了队伍及轿马来接，当天傍晚，我们平安抵达九江，两天后又搭轮船往汉口，程潜寄住武汉国民政府主席谭延闿家，国民党中央要人日夜前来密商大计。武汉反蒋空气日益浓厚，宁汉分裂的局面已经形成了。

新民学会的最早会址

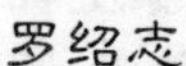
罗绍志

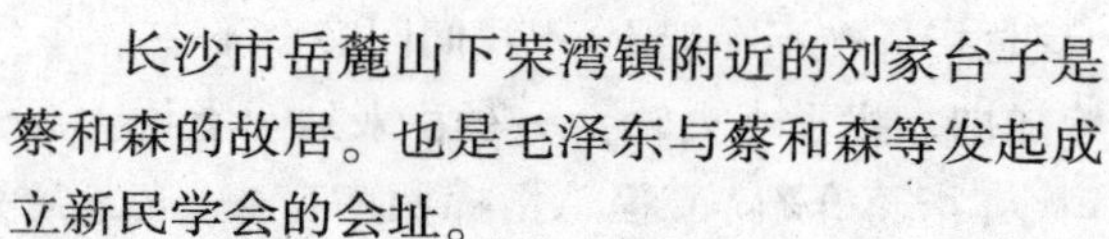
长沙市岳麓山下荣湾镇附近的刘家台子是蔡和森的故居。也是毛泽东与蔡和森等发起成立新民学会的会址。

蔡和森祖籍双峰县永丰镇（原属湘乡县）。1913 年入湖南第一师范学校学习，结识了毛泽东、张昆弟、罗学瓒等进步青年，与毛泽东更是志同道合。1917 年夏，蔡和森在湖南高等师范学校专修科文学部毕业。这时毛泽东等还在一师就读。为了建立一个活动据点，蔡和森动员母亲将全家从永丰迁到刘家台子，这里很快就成为毛泽东、张昆弟、罗学瓒等聚会的场所。每逢星期六下午，毛泽东等在学校上完课以后就渡河前来，同蔡和森讨论治学、做人及救国等问题。蔡家当时经济很困难，邻居周方让出了半亩耕地给他家耕种。毛泽东等几乎每次都要先下地帮蔡家干一阵活后才坐下来交谈。晚上他们围坐在地坪里讨论至深夜，然后各搬一条长凳在那儿露宿；第二天清早，一道上岳麓山，边讨论问题，边锻炼身体。张昆弟的日记中曾记述：

> 九月二十二日。昨日下午与毛君润之游泳后至岳麓山蔡和森君家。时将黄昏，遂宿于此，夜谈颇久。

蔡和森居住刘家台子时间，正是新民学会的酝酿期。他们当时集中讨论的是“如何使个人及全人类的生活向上”等重大问题。参加者有十五人左右，先后讨论了百次以上，结果认为必须“集合同志，创造新环境，为共同的活动”。经过一冬一春的酝酿，一个以“革新学术，砥砺品行，改良人心风俗”(后改为“改造中国与世界”)为宗旨的新民学会，于1918年4月14日在蔡和森家诞生了。

1919年底，蔡和森偕同母亲、妹妹及向警予等赴法国勤工俭学，不久新民学会会址由刘家台子移到长沙城内潮宗街文化书社，蔡和森家的其他成员也迁至城内天茂花园。

李大钊派方叔章回湖南

李华钰

方叔章于1921年至1924年在北京群报馆任经理兼编辑，撰文表露出对当时社会秽行的不满。1925年,方任北京临时政府行政院秘书。在这期间,结识了胡鄂公,交往甚密。当方知道胡鄂公系共产党员后，常常以他公开的身份掩护胡开展工作。

1926年秋，胡鄂公将方叔章的情况向中共北方局负责人李大钊汇报，并引荐方叔章与李大钊会面。李大钊谈及北伐战争发展极快,南方的广东、湖南、湖北和江西大部被北伐军占领,北方应积极支援配合,需有有志之士共同努力。方叔章谈到北伐军第六军军长程潜、党代表林伯渠都是早年留学日本的同学，并表示愿意为此出力。从这以后,方为党效力更加积极。

1927年春,李大钊、胡鄂公介绍方叔章正式加入中国共产党。此后,方以行政院秘书公开身份为掩护,将所掌握情况向党组织汇报,尽可能为党资助一些经费。

北伐战争胜利，北京临时执政府的反动气焰更为嚣张,而南方北伐军内部发生内讧,共产党内的右倾投降主义对革命不利，蒋介石妄图趁机夺取胜利果实。在此关键时刻,李大钊通知方叔章,党派他回湖南开展活动,要他先到上海与中共地下党组织联系。方到上海时,革命形势剧变,蒋介石发动了"四·一二"反革命政变,大批共产党员、革命志士遭到屠杀,地下联络点已无人接头。方回到长沙,正值长沙"马日事变"之后,大批共产党员和无辜群众惨遭杀害,白色恐怖严重。方只好藏在岳麓山下自己家里,观察形势,闭门读书。

方叔章离开北京以后, 军阀张作霖派兵将李大钊等逮捕关押。4 月 28 日,李大钊等二十名革命志士被张作霖处以绞刑,壮烈牺牲。方遥闻噩耗, 极为悲痛。当时方一面设法寻找党的关系,一面力争为革命做些有益的工作。

第一次会见毛泽东和朱德同志

杜修经 口述　李华钰 整理

1928 年初,中共湖南省委移驻安源,当时我任湘东特委委员兼安源市委秘书。湖南省委为了加强对井冈山革命根据地的领导与联系,决定派我上井冈山会见毛泽东和朱德同志。

4 月下旬, 我两次化装成中医和生意人,行至江西莲花县,受到国民党军队的盘查,被迫返回安源。5 月下旬,我由地下交通员带路,昼伏夜

行，很顺利地到达井冈山茅坪，当天下午会见了毛泽东同志。他身材魁梧，穿着一身褪了色的灰色军装，面带笑容，同我亲切握手，高兴地说："欢迎湖南省委派来的代表，你一路上辛苦了。"我向毛泽东同志问候，简单地讲明来意，并把用药水写在黄色毛边纸上的湖南省委的信交给他。毛泽东同志接过信，马上用药水显示字迹，一边看，一边点头说："湖南省委的信中说到红军应有一个休养生息的地方，把这个地方巩固好，并发展壮大，就有了立足之地。这个意见很好，应该这样。"他还对我说："明天你就到红四军军部去传达湖南省委的信。"我问他："明天我们一同去吧！"他回答说："那好吧，我们一同去。"他交待一名参谋安排我的住宿，当晚我就睡在毛泽东同志住房的楼上。

第二天清早，毛泽东同志带着一名警卫员，牵着一匹马和我同行。途中他问我湖南省委的一些情况，我就自己所了解的一一作了回答。他向我介绍井冈山工农红军的情况说，刚上山时，人多，吃、住都有很多困难，现在条件好一些。中午，我们到达第二十九团驻地，会见了团长胡少海、党代表龚楚，并向他们传达了湖南省委的指示精神。在二十九团团部吃中饭时，还杀了一只鸡款待我们，我们边吃边说话。吃过中饭，我们继续赶路，下午五时左右，到了红四军军部驻地。恰逢朱德军长外出，毛泽东同志吩咐参谋去找他，很快就把他找回军部来了。

朱德同志身穿褪了色的黄色旧军服，脚登草鞋，头戴褪了色的军帽，因为走路走热了，脱掉帽子，光着头，很像一位老农民。他说他同陈毅同志在南昌起义后率部到湘南，组织农民暴动，扩大军队，在毛泽东同志率部掩护下上了井冈山，才有今天的好形势。

当天晚上，红四军召开军委会议，由陈毅同志主持，毛泽东、朱德、王尔琢、何长工和我参加。我向军委领导汇报了湖南省委对红四军建设井冈山革命根据地的意见，大家都很赞成巩固根据地，把军队发展起来，坚持长期作战，并坚信中国革命一定会成功。

当时党中央还在上海，井冈山的军事斗争尚归湖南省委领导。同年 6 月，我第二次上了井冈山。

黎锦熙与毛泽东的友谊

李源汉

我国杰出的语言学家、文字改革家、教育家黎锦熙，湘潭人，与毛泽东同志同乡，又是师生关系，彼此过从甚密，感情深厚。

1913 年黎锦熙任教湖南省立第一师范，毛泽东就读该校，黎比毛泽东仅年长三岁，两人志趣相投，常在一起，说古论今，名为师生，情同挚友。据黎锦熙回忆说："那时毛主席就表现了不凡的胸襟，尤其对两方面最注意：一是历史人物。如唐宗、宋祖，乃至拿破仑、伊藤博文等等，谈论起来津津有味；再一是治国平天下的道理，言谈之间不时流露出以天下为己任的气概。"

1915 年，二十六岁的黎锦熙应教育部之聘到了北京。

这一时期毛泽东和黎的交往，在 1915 年黎所写的日记中有详细记载，如：

四月四日，润之来，阅其日记，告以读书方法。

> 五月三十一日，焜甫、润之至……久谈改造社会事。
>
> 七月三十一日晚，在润之处观其日记，甚切实，文理优于章甫，笃行两人略同，皆大可造，宜示之以方也。

后来毛泽东到北大图书馆工作，黎锦熙正任教北师大，两人常见面畅叙。毛泽东离京去上海后，便失去了联系。在白色恐怖的年代里，黎锦熙一直保存着毛泽东给他的六封信札。

抗日战争时期，毛泽东托人向黎锦熙问好，并寄给黎一本《论持久战》。建国后，毛泽东亲自往和平门师大宿舍看望黎，见面时，仍以"黎老师"称之。黎忙说："不敢！不敢！"故旧重逢，格外高兴。此后，毛泽东又几次接黎锦熙到中南海家中叙谈，师生情谊仍如昔日。

章士钊与薛君度故旧情深

龚业隆

章士钊,字行严,号孤桐,1881年生于湖南长沙。美籍华裔学者薛君度,其夫人黄德华系黄兴幼女。薛尊称章为"世伯"。彼此远隔重洋,几度把晤,故旧情深。

章士钊1913年任黄兴的秘书长,二次革命讨袁通电就是他的手笔。薛君度尊崇黄兴,曾用英文撰写《黄兴与中国革命》一书,后译为中文出版。1964年春夏之交,薛在香港大学任教期满,准备返美。临行听说章士钊到了香港,即与夫人同往香港大坑道章的寓所拜望,数十年阔别,叙谈甚欢。章感触颇深,晚上失眠,起床赋诗赠德华。诗云:

气盖世来功盖国,不随浮谤损贞姿。
黄公二女才无匹,漫信而翁自抱辞。

少壮衡门长壮游,旋从婚媾得浮休。
班家史册蔡家柏,大汉声家壮女流。

薛君度以所著《黄兴与中国革命》一书译本赠章士钊,章回赠诗云:

黄石谁教幻作夫,巾鞴稻饭闯江湖。
平生结好无余子,血泪模糊尔与吾。

不见文姬忧愤诗，翻教董祀貌英姿。
魏公自省多遗憾，不涉曹刘贼失机。

1971年7月，中美关系开始解冻，薛君度和一批留美人士回国参观一个月，抽暇拜访章士钊，见面没说几句话，章就问薛要不要见周恩来总理，问薛何时离京。薛答复定于11月7日，章合指一算，只有三天半时间，非常匆促。章即于当天下午写信给周总理，探问是否有时间会见。后薛因病飞穗检查，又急于返美，未成事实，薛君度感叹说，真是"魏公自省多遗憾"。

章士钊1973年5月自北京赴港，薛正在巴黎参加第二十九届东方学者大会，准备会后赴港晤章士钊，不幸章已于7月1日病逝。薛氏夫妇遥闻噩耗，不胜悲怆。

1988年，薛君度到长沙讲学，我听了他的讲演，他还深情回顾了与章交往的经历。

陶峙岳将军轶事

洪　度

我的父亲洪振楚与陶峙岳将军为保定军官学校同学，同在湘军工作过，又是同乡。我在上小学时就见过陶将军，也耳闻过一些他作风朴素，从不以位势骄人的轶事。

1946年，陈应龙任湖南宁乡县县长。有一天，传达进来报告说："有位穿布衣的五十来岁的人要见县长，还交了一张名片。"陈接了名片一看，才知是某集团军总司令陶峙岳，连忙出来迎接，谦恭地对陶说："陶司令，您有什么事说一声就行，何劳您亲自来呢！"陶将军说："古代的常规是宰相回乡要拜见知县，何况我比宰相差远了呢！应该，应该！"接着他叙述了来意。他出生于豪富世家，有祖上遗下的四百多担田产，自愿全部捐献给县政府办教育，特来找陈县长商谈。消息传开，家乡人民无不高度评价陶将军的高风硕德。据我所知，陶将军以后在老家及外地都没有置办过田产，真正做到了"身无半亩，心忧天下"。

"南京哭陵"真相

戴铁珊

抗战胜利后，蒋介石以整编军队之名，行排除异己之实。在南京、西安、重庆，分别将八百余名裁减的将级军官实行"集训"。曾担任二十集团军中将政治部主任的黄鹤，编进了南京中央军官训练团。将官班多系黄埔军校早期学员，曾跟随蒋介石东征北伐、浴血沙场，而今却被抛弃闲置；同时，眼看一场内战的灾难又降临到广大人民头上,忧国愤世之情常溢于言表。为了阻止内战,要求重新起用,他们进而秘密集会,议论对策。有的主张拦截蒋介石的汽车向他说理;有的主张到行政院请愿;有的主张在报上发表讨蒋声明。黄鹤力排众议,独持高见。他说:“你们看过三国时蜀国被灭亡后,刘禅的儿子刘谌《哭祖庙》的戏吗?我们何不仿效古人,到中山陵前去痛哭一场,以一纸祭文将蒋介石的所作所为昭告天下呢?”话音一落,大家异口同声赞成,认为这样既可避免无谓的流血牺牲,又可抒发胸中愤懑,揭露蒋的黑幕。当即一致推举黄鹤为“哭陵”总指挥。经过一番精密策划,一场轰动中外的“南京哭陵”就这样拉开了序幕。

1947年5月5日上午,来自西安、重庆和原在南京的国民党高级将领共四百多名,身着黄呢军装,佩戴领章符号,手持青天白日旗,由黄鹤率领六十名腰挎手枪的较年轻的高级将领为前导,向中山陵进发。到达陵园时,陵寝大门已“奉命关闭”;黄鹤一声令下,将官们冲破护陵卫兵的阻挠;冲开大门,跑步集合在孙中山陵墓前,鸣放鞭炮之后,大家鞠躬默哀,由黄鹤宣读祭文:“列强未倒,军阀未除,内战再起,国将不国。鸟尽弓藏,其心何忍……”随之两位含冤去世生活无着的将官家属在陵前号啕痛哭,众将官亦声泪俱下。当时在场的数百名观众及一百多中外记者也受此气氛感染,不少人洒下了同情之泪。最后大家依次环绕陵墓一圈。有的竟长跪灵前痛哭,迟迟不肯离去。时间延续达一个多钟头,充满了悲壮肃穆的气氛。

"南京哭陵"震动了中外,当日下午,《救国日报》率先以号外披露此一新闻,接着京、沪、穗、渝等大城市的晚报以显著位置报导了这一事件。次日,全国大小报纸都刊发了这一消息。有的还刊出了标以"哭陵将军"、"哭陵总指挥黄鹤"等字样的照片。南京《新华日报》等报纸评论认为"南京将官哭陵的举动,是一次爱国主义的行动","哭出了大家的心声,诉出了民族的苦难"。

黄鹤老人现年九十五岁,仍健在,为湖南省政府参事室参事。我闻其事,慕其名,特作专访,故录之。

孙立人深情瘗战友

金　式

1947年秋,我就读于长沙岳麓山清华中学。一天上午,几辆小吉普车满载美式装备官兵,向我校疾驰而来,教导主任旷璧城从车里出来,急唤学生到操场集合。大家齐集操场肃立以待。只见对面放着用白布罩着的讲台,上置系着黑纱的檀木盒;一排排官兵分立讲台左右,气氛庄严肃穆。旷老师与一位将领同到讲台上,郑重介绍说，这位是清华大学校友、著名抗日将领、远征军新一军军长孙立人将军。

孙将军肃然立正，向我们行了个军礼，然后简短介绍自己是“五四”运动的参加者，清华大学毕业后留美，原想学工科，但看到祖国受列强侵略，愤而改学军事，立志从戎，报效祖国。回国后在 1932 年参与了淞沪抗战，后率新一军转战国内外战场，在缅甸痛歼日寇，伸张了民族正义。当我们为他英勇抗战的功绩热烈鼓掌时，他激动地向我们行军礼致谢。随即把话题转到他这次的来意，是护送抗日殉国的齐学启将军的骨灰归葬岳麓山。他用沉痛的语调叙述了齐将军的英雄事迹。齐祖籍湖南宁乡县，就读中学时，常以先哲前贤自励，后入清华大学学机械工程，毕业后与同窗孙立人联袂赴美深造，一道考入著名的诺维琪军校。回国后正值日军侵犯上海，齐将军立即请缨，在“一·二八”及以后的“八·一三”之役中立了战功。太平洋战争爆发，孙立人身膺远征军第一军军长。齐学启任新编三十八师少将师长，赴缅甸配合盟军抗击日寇。1942 年 4 月 17 日，为援助英军斯高特部，齐率兵与日寇血战三昼夜，击败敌军，解了七千多英军之围。5 月中旬作战略转移时，齐与大部队失去联络，被日寇围截于荷马林一带。齐率伤员英勇突围，伤员全部壮烈牺牲，齐受重伤昏迷，不幸被俘。汪精卫派要员以高官厚禄诱降，齐将军严词拒绝，惨遭杀害，死前嘱咐，要归葬长沙岳

麓山的“南国清华”。齐将军牺牲后，国民党政府追晋为陆军中将，原厝于云南沾盖镇，遵照将军遗嘱，奉安于岳麓山云麓宫下的原战时清华大学旧址。

李达与程潜

李华钰

李达于1947年春回到长沙后，被聘任为湖南大学教授，讲授社会学课程。在当时白色恐怖下，公开讲授唯物史观和唯物辩证法，深受学生的尊敬和赞佩。1948年7月，程潜回湖南主政，任长沙绥靖公署主任兼湖南省政府主席，心有与共产党取得联系之意。他认为李达曾是老资格的共产党员，便派他的挚友、省政府顾问方叔章与李达直接联系，沟通情况。有次方叔章向李达谈及程潜愿为湖南局部和平出力，探询共产党是否可以容纳？李达直率地说，程颂公自命为湖南三千万人民的家长，就应当设法使湖南人民避免战祸，实现和平，我想共产党是很欢迎的，可以保证程颂公的绝对安全。后来方叔章向程潜转达了李的讲话意思。不久，程潜得知他已被列入战争罪犯名单，心中产生疑虑。后来李达通过方叔章转达程潜说，只要程颂公决心走和平的道路，新中国政府不但不会把他当做战犯

看待，还要请他担任政府的重要职务。并建议方叔章设法将程潜在上海办报与我地下党有联系的长子程博洪召回长沙，让他们父子交谈，可进一步解除程的思想疑虑。1949年春节前，程博洪从上海回到长沙。父子面谈，对于程潜了解党的政策起了很好的作用。程潜叫程博洪到湘雅医学院看望李达，还叫方叔章去医院转达程的话：只要共产党不把我当成战犯于愿已足。

1949年初，毛泽东主席曾三次电示华南局，要护送李达到解放区。毛主席给李达的信是用暗语说的："吾兄是本公司发起人之一，现公司生意兴隆，望速来参加经营。"李达接到信后，因当时条件所限，未及时成行，准备4月动身。与此同时，国民党特务已将李达列入黑名单，准备暗害。程潜得知后，担心李达教授遭不测，要方叔章通知他，准备送他到乡下暂住。李达要方叔章转告程潜，他决定离开长沙去北平，方将此情况告诉了程潜，程决定约李达面谈。4月中旬一天，李达在方叔章的陪同下到程潜住处会见，程潜特意请李达向毛主席转达他走和平道路的决心。临行前，程潜执意送李达五百银元作路费。

5月18日，毛主席在香山接见了李达，并派程潜的同乡李明灏到长沙，与程潜共商起义大事。

以上材料是我从湖南和平起义重要人物方叔章的档案中搜集到的。

“船山学社”题字的由来

覃　衣

今日长沙市中山东路“船山学社”门额上的社名是毛主席应张有晋先生之请而写的。张有晋号麓村，湘乡人，为我省著名教育家，曾在湖南第一师范及其他中学教数学，后来与方克刚主办妙高峰中学数十年。毛主席在一师求学时曾受业于他。解放后，不忘旧雨，介绍他任中央文史馆馆员，定居北京。

船山学社是清光绪年间郭嵩焘等人假曾国藩浩园一角馆舍建立的学术团体。大革命时期，毛主席与何叔衡等利用这个地方办过自修大学。国民党统治时期，房屋已破损不堪，解放后经过修缮。张有晋曾是船山学社理事，他请毛主席为学社题额。1952年春，毛主席写好了“船山学社”四字寄给张有晋，并附一信：

> 麓村先生：几次来示均敬悉，甚为感谢，遵嘱写下船山学社四字，未知可用否？此复，顺颂教祺！
>
> 毛泽东　二月二日

从1952年秋天起，此四字就悬于门额。原手迹已不存，致张有晋书亦未收入《毛泽东书信选》。

谭延闿的曹厨子

洪　度

谭延闿以美食家著称。人家称赞谭公馆的美食，指的就是曹厨师的高超烹饪技艺。

曹厨子名荩臣，长沙人。清末曾在湖南布政使庄心安家掌厨。庄十分讲究饮食，曹在当时就颇有名气。谭延闿任湖南省咨议局议长，常与庄往来，多次称赞庄府饮食之精美。

民国十年(1921)，谭延闿被赵恒惕逼迫，离开长沙寓居上海，为东山再起，酬酢颇多，那时曹已在谭家掌厨。谭善饮健啖，对曹经常指点，曹对谭的食性爱好也细心揣摩，不久，其艺益精。北伐以后，谭任国民政府代主席及行政院院长，地位显赫，常聚亲友在家饮宴。谭家名菜有红烧鱼翅、蟹黄鱼翅、豆腐、笋泥、鱼生等等。谭宴客时，曹常于帷后窃听客人对菜肴的评价，如火候、刀法、咸淡等，并据此加以改进，使来客无不赞叹。

曹荩臣做的菜，价格十分昂贵。如一桌鱼翅席，当时一般最多不过二三十银元，而有一次谭延闿宴请东北大员莫德惠，一席却花了一百银元。莫吃了大加赞许，赏了曹五十元，曹氏大喜，其名益著。有人曾问曹："为何你办的菜价格比别人贵很多？”曹说：“没有别的，只是选料不同。如别人炒一盘麻辣子鸡只用一只鸡，我炒的要三四只，只取其胸脯肉；辣椒只取全红的，红中带绿的全不要，均先用猪油炸好，再下锅加盐酱等；出锅时鸡肉与辣椒大小、厚薄相同，红白相间，味美之极。价随质高，原是理所当然。”

草医刘花子

杨志刚

草医刘花子，生于光绪十六年(1890)，平江县洪其洞人。家贫，少走湘阴、汨罗，后于汨罗结婚。1931年，刘携眷到岳阳黄沙街玉华山居住。家仅棉絮一床，衣数件盛于囊，以二缶为炊，朝出暮归。或问其姓字，答曰刘，故咸呼为刘花子。

时玉华山徐叟养一犬，爱吠。一日花子归，尾逐之。花子惊，仆地，右臂骨折，左手插硬土中，深六寸许。观者皆失色，花子无忧色。旁一青年，举锄奋击地，以助其抽出左手，竟不及花子手插地深也。不数日，花子右臂愈，众咋舌，始知花子非常人也。

邑有罗氏者，右臂生毒，群医束手，坐以待毙，病家嚎啕。适花子过其舍乞茶，诘之，其子以情具告。花子曰：“与我一观可乎？”对曰：“若愈我父，当酬重金，并为扬名也。”乃移患者至堂中，见右臂一疮，如碗，肿及膺膂，喃喃呓语。花子曰："蜂窝疔也，试治之。"命取一缶，底凿一孔，盛艾叶点燃熏之。少顷，有米粒状物徐出，旋用药粉涂红肿处，用刀刮去腐肉，周绕黑药粉，中注白药粉，顿时无痛。花子曰："无恐，改日当再来。"过旬日，刘不请自来，罗果瘥。

刘花子为方便群众就医，在家开设门诊，求治者近及本县，远至粤、赣、鄂诸地，且收费甚微。或曰："病有轻重，药有贵贱，价有高低乎？"答曰："无。吾从师学艺，旨在救人，况药皆采自山中，无需成本，若以之谋利，吾早成富翁矣。"

刘花子生活简朴，粗茶淡饭，布衣陋器，除喜喝一点酒外，别无嗜好。或问："有积蓄否？"刘曰："吾将就木矣，除老伴别无亲人，近年吾已将多年零星积蓄约千金，捐赠集体。"问："授徒否？"刘怒曰："古人有言，取其友必端，吾徒贼也，择人不慎，吾之过也。"言讫，声泪俱下。诘其故，盖其徒有劣迹耳。

刘花子后迁居汨罗新塘，八十四岁卒。

曾国藩治学之道

唐诗戡

曾国藩是湖南湘乡县(今双峰县)人,清嘉庆十六年(1811)出生于一个穷山僻谷的耕读人家。我家毗邻曾家,亲聆祖辈传说,并阅览了曾国藩的许多著作,深感他一生勤奋好学,治学很严,因而成为清末的理学家和古文学家。

他一生常用“勤”、“恒”两字激励自己,教育子侄。谓“百种弊病皆从懒生,懒则事事松弛。”他在舟中、车中、肩舆中都不忘看书,死前一日犹手不释卷。他在道光二十二年(1842)冬自订每日课程十二条,主要是:

一、主敬：整齐严肃，清明在躬，如日之升；

二、静坐：每日不拘何时，静坐四刻，正位凝命，如鼎之镇；

三、早起：黎明即起，醒后勿沾恋；

四、读书不二，一书未点完，断不看他书；

五、读史：二十三史，每日圈点十页，虽有事不间断；

六、谨言：刻刻留心；

七、养气：气藏丹田，无不可对人言之事；

八、保身：节劳、节欲、节饮食；

九、日知其所无：每日读书，记录心得语；

十、月无忘其所能：每月作诗文数首，以验积理的多寡，养气之盛否；

十一、作字：饭后写字半时；

十二、夜不出门。

咸丰八年(1858)，曾国藩在军务繁忙之际，犹定申、酉、戌、亥四个时辰温旧书，读生书，偿外债（指诗文债、字债），写笔记。同治元年(1862)，他任两江总督，白天忙于军政事务，灯后仍温读诗文。他自道光十九年(1839)正月初一起写日记，至同治十一年(1872)二月初二日止从未间断，数十年如一日。

他不仅勤于读书，而且善于读书，深得要领，曾说："万卷虽多，而提要钩玄不过数语。"他读书注重消化和归纳，能提出自己的精当见解。

他很重视笔记，除经史外，常随手摘记，甚得其用。曾说："凡奇僻之字，雅故之训，不手抄则不能记。"他读史,曾写成《历代大事记》数卷,以此作为重要的读书方法。

曾国藩的治学特点是：日课有程，持之以恒;博求约守,不拘门户;提要钩玄,善于概括;挈长补短,与时变化。这些读书经验,今天仍可资借鉴。

郭筠的《曾富厚堂日程》

曾启球

曾国藩次子纪鸿的夫人郭筠(1848—1916),字诵芬,湖北蕲水县人。她的一生,正处于我国由封建社会变为半封建、半殖民地社会,内忧外患交相煎迫，革新与守旧斗争激烈的动荡年代，她自幼继承了儒家伦理道德的传统观念,又感受了维新的、科学的进步思潮,是曾家承先启后的人物之一。

曾纪鸿三十四岁便丢下郭筠和四子二女而早逝。当时,其兄纪泽正出使英国,长子重伯才十五岁,郭筠勇敢地挑起了主持家政的重担,不仅精心抚育儿女立志成才,就是孙辈如曾宝荪、曾约农、曾昭权、外孙俞大维等,也都在她的教育和影响下，成为闻名国内外的教育家、科学家。

郭筠晚年手订《曾富厚堂日程》一份,要求

儿孙时时遵守，身体力行。《日程》共六条，文字不多，但对于“富厚堂”这样的世家来说，要求不可谓不严。曾家后代持久不衰，实与郭筠的庭训有深切关系。其《曾富厚堂日程》是：

一、男女皆应知习一样手艺；

二、男女皆应有独自一人出远门之才识；

三、男女皆应知俭朴，每月所出，必要敷每月所入，人人自己立一帐簿，写算不错；

四、男女皆应侠义性成，不应行为有亏；

五、男女皆应抱至公无私的心肠，外侮自不能入，而自强不求自至矣；

六、我家行之，一乡风化，则强国之根，基于此矣。

郭筠亲订亲书的这个《日程》，我亲见过，是直书的，从一至五条，每条开头的“男”、“女”二字都是左右并列，而非上下连写。这虽是个细节，却可见生长于封建时代的郭筠已全无重男轻女的观念。

杨昌浚不弃糟糠

姚一德

清末随左宗棠立功煊赫一时的杨昌浚，湖南湘乡县人，出身贫寒，其父取邻里陈翁四岁女来家为童养媳。女小杨半岁，幼时，一起放牛砍柴，两小无猜。后杨外出读书，女在家充主要劳力，下田种地，蓬头赤足，有如粗婢。清道光三十年(1850)，杨昌浚中秀才，亲族多嫌其所配非偶。这时，富商王某以独女厚奁见许，父母与子商议，杨坚决不肯，说："陈女孝顺勤劳，我只知其好，不知其他，何必抛熟悉之佳妇而求不知之人。世俗嫌贫爱富，我所鄙弃，为什么还要自己玷污呢？"父母鉴于他们感情甚笃，儿子又言之在理，很快为他们完成了婚礼。以后，杨官至巡抚、总督，衔加太子太保，前后居官五十年，一直同原为童养媳的陈夫人相亲相爱，不置明姬暗妾。后杨回娄底西阳老家暂居，即偕夫人徒步至陈家湾拜望岳母。岳家欲设盛席款待，杨急制止说："我久不吃家乡红薯、豆腐、蔬菜，只此几样便够。"亲友们见他筷戳红薯，吃得香甜爽口，戏称他是"不忘根本的薯蔬总督"。

谭嗣同爱武术

蒋松卿

谭嗣同青少年时代不爱花天酒地，无意功名利禄，除刻苦攻读之外，就爱好习武。他在清末北方有名的侠客王正谊即"大刀王五"的精心传授下，练就了一身好武艺，拳术、射术、剑术都有较高造诣。

谭的老师欧阳中鹄的儿子欧阳予倩说："他于文事之暇，喜欢技击，会骑马，会舞剑。我曾见他蹲在地上，叫两个人紧握他的辫根，他一翻身站起来，那两人都跌倒了。"

从1884年起，谭嗣同漫游了大江南北、黄河上下共十三省，行程八万余里，用他自己的话说，"堪绕地球一周"。他在《与沈小沂书》中说："嗣同弱娴技击，身手尚便；长弄弧矢，尤乐驰骋。往客河西，尝于隆冬朔雪，挟一骑兵，间道疾驰，凡七昼夜，行千六百里。岩谷阻深，都无人迹；载饥载渴，斧冰作糜。即达，髀肉狼藉，濡染裤裆。此同辈所目骇神战，而嗣同殊不觉。"

谭嗣同认为习武不仅可以强身，"亦足以伸民族之精神，倡勇敢之风气。"因此他又进而主张崇尚武侠。他在《仁学》中说："儒者轻诋游侠，比之匪人，乌知困于君权之世，非此益无以自振拔，民乃益愚弱而窳败！言治者不可不察也。"

长沙抢米风潮中的传奇人物

刘笃平

辛亥革命前夕，全国各地自发的群众反清斗争中最猛烈的，莫过于1910年的长沙抢米风潮。两日间共一万多饥民将巡抚衙门等包围烧毁，吓得抚台岑春蓂化装乞丐逃跑。这一风暴中有两个传奇人物，一是首先冲进辕门锯桅杆的矮子；另一是带头上屋烧抚台衙门的黑皮大汉；但这两人姓名史书均无记载。笔者有幸，从当年监督修造抚台衙门的老木工张连生口中获悉了内情。

张连生叙述当年情景说：当饥民包围抚台衙门、企图冲进辕门找抚台岑春蓂的时候，为枪兵所阻。这时我正站在老照壁口子上的“护国佑民”牌坊那里，忽见人群中冲出一个矮壮结实的人，手里拿着光闪闪的锯子，原来是我的同行刘三矮子刘少明。我心想他冲出来做什么？而他却已冲到辕门前，一脚将枪兵踢倒，往里面飞跑。辕门外的饥民见刘少明冲进去，也齐声喊：“冲啊！”像潮水一样往辕门里涌去。我也跟在后面，挤到辕门口，往里一张望，只见刘少明在“沙、沙、沙”地锯那象征巡抚权威的粗大桅杆。守兵见有人锯桅杆，群众又往里猛冲，便根据岑春蓂的命令开枪。顿时坪中大乱，饥民一个个倒在血泊中，子弹呜呜地飞窜。刘少明却理都不理，一转过去，躲在桅杆后面继续锯，直到他家里来人慌慌张张把他拖了回去。当夜饥民在辕坪中捡起砖头、石子、瓦片和清兵打了一个通宵，虽然死伤累累，仍不肯罢休。因人越来越多，岑春蓂吓得只好出牌“剀切谢罪”，企图哄退饥民。饥民虽已住手，但决计要烧抚院。我听到这消息，又连忙赶去观看。

走到又一村巡抚衙门前面，那里已是人山人海，地上堆满了煤油桶。忽然一个黑皮大汉提起一桶煤油，向抚院旁边的禅帝宫跑去，跑到屋檐边，一个纵步便上了屋，奔到抚院后面。一会儿，只见抚院浓烟滚滚，火光冲天。抚院前面有二三十个打赤膊的饥民也跟着提煤油上屋，往抚院的墙头、屋顶四处淋洒。点火烧起来，顿时整个抚台衙门陷入一片火海。清兵又奉令慌忙开枪，一时枪弹呼啸声、饥民怒吼声震撼了太空。

张连生目击了这惊天动地的一幕。他说：这黑皮大汉名叫何文清，很有武功，他们都在一个泥木行，共事了五六年。我问他：后来这两个人呢？他说再也未见过。言毕不胜唏嘘。

爱国志士唐才质

萧　扬

唐才质，字法尘，浏阳人，生于 1880 年，系辛亥革命风云人物唐才常之弟。康有为、梁启超举新政，1897 年湖南成立时务学堂，唐考入头班学习。时务学堂崇尚新学，主张改革，办学民主，唐才质受影响很深，曾回忆说：“师生情谊融洽无间，诸生有事求教，可往教习室谈话，听取训诲，或数人集体会谈，亦无拘束，其获益一也；学堂功课以写札记为常课之一，忆梁启超先生初至主讲，甚为振奋，每日在讲堂四小时，初则批答学生札记，往往彻夜不寐。诸生阅报听讲，看书自习，遇有心得，各抒意见，教师亦随时批答指导，其获益二也；戊戌春，吾省士大夫创设南学会讲学，假孝廉堂为会所，以每星期日为讲期，或谈学术，或论政治，或研讨国内外时事，延揽学者名流，轮流讲演，……时务学堂诸生多往听讲，在学问上与思想上取得极大转变，其获益三也。”

戊戌政变后，学堂停办，唐随胞兄才常投身革命，后赴上海南洋公学肄业。1899 年应老师梁启超之邀，与蔡良寅(后改名蔡锷)、范源廉一道赴日留学。1900 年自立军起义，唐与林锡珪、傅良弼等回国从事革命活动，因事机不密失败。胞兄才常、才中，不幸在武昌、长沙先后殉难。唐才质与狄葆贤留居上海，负责后方粮械接应。两兄遇难，唐才质推翻清王朝的决心更坚，含悲忍痛，再度流寓日本东京。与沈翔云、戢翼翚、秦力山等，创办《国民报》月刊，鼓吹救国反清，唤醒民众，共赴国难。当时办报经费由同人自筹，遇到不少困难，唐才质等节衣缩食，勉力维持，并得到孙中山先生的资助。虽出版仅四期，但海内外有识之士赞为革命喉舌，宣扬民主文艺之先导。

辛丑年(1901)唐才质赴澳洲悉尼，就学于斯葛士高等学校，兼任华报主笔，计十年。彼时

清政府在澳洲未设领事，凡遇虐待华侨及限制华人杂居种种苛例，唐即联络彼邦各报，著文据理力争，爱国之心未尝稍息。1911 年湖南都督谭延闿电召回湘，委任湖南交涉司司长，唐婉辞未就，惟对乡邦新政愿赞助之。1913 年 11 月，由梁启超推荐为爪哇泗水领事。1916 年 3 月，以通电反对袁世凯帝制，被削职。1937 年抗战爆发，唐才质退出仕途，回居浏阳，息影家园，以诗文自娱，常与挚友相会，畅饮开怀，赋诗明志，自得其乐。

缅怀刘道一烈士

刘安鼎 遗稿　公　谊 整理

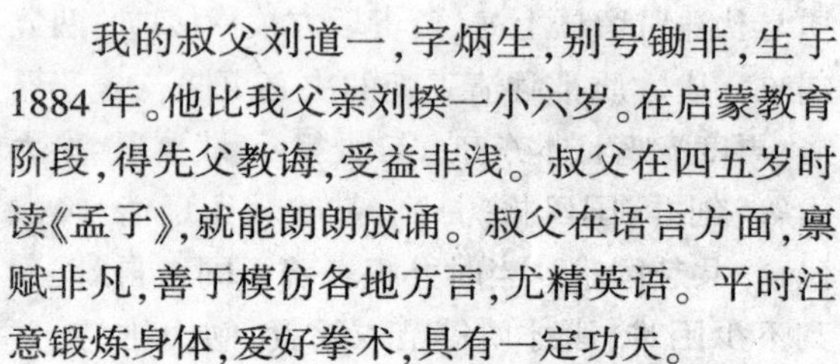

我的叔父刘道一，字炳生，别号锄非，生于 1884 年。他比我父亲刘揆一小六岁。在启蒙教育阶段，得先父教诲，受益非浅。叔父在四五岁时读《孟子》，就能朗朗成诵。叔父在语言方面，禀赋非凡，善于模仿各地方言，尤精英语。平时注意锻炼身体，爱好拳术，具有一定功夫。

1904 年，叔父考取官费生去日本留学，与秋瑾等结为亲密战友。出国前叔父即参加了反清团体华兴会，并曾衔黄兴之命，说服了哥老会首领马福益，为长沙起义积蓄了力量。这次起义以事泄失败，叔父逃亡日本。

叔父能言善辩，交游甚广，有号召力。在日本和秋瑾、刘复权、王时泽、仇亮等参加了“三合会”，秘密从事反清革命活动。1905年参加了同盟会，被推任书记、干事等职，经常被派进行对外联络，被黄兴誉为“将来的绝好外交人才”。

1906年叔父奉黄兴命，回湘策划武装起义。12月4日，萍浏醴大起义爆发，湘赣边境义师达三万余众，声势浩大，屡败清兵。但终因孤军奋战，寡不敌众而失败，叔父在长沙被捕，遭到刑讯逼供。他坚贞不屈，并厉声呵斥清吏曰：“士可杀，不可辱，死则死耳！”清吏因其所佩印章刻有“锄非”二字而判为死罪，1906年12月31日被杀害于长沙浏阳门外。婶母曹庄当时就学长沙周氏家塾（后改周南女校），闻讯自知将不免株连，自缢于该校宿舍内。祖父在湘潭猝死狱中。我母亲黄自珍逃亡上海，由父亲接赴日本。

叔父殉难消息传到日本后，同盟会总部开会隆重追悼。先父作了“哭弟诗”八首，以告慰烈士英灵，词情哀切动人。今录其二首：

其三

厉声可杀不可辱，争传烈士死能甘。
狰狞官为虚前席，桑梓人谁脱左骖。
阙下金鸡刚入树，云间旗鹤已归山。
赤虹剑血千秋恨，三舍干戈挽日还。

其七

竹染湘妃涕泪滋，忍教多难累娥眉。
美汤和血调尘釜，霜水明心冷素帏。
妫贤尚存双宿将，程婴安在一孤儿。
遥知一死浑闲事，伉俪相逢莫更悲。

开国元勋蒋翊武

许和钧 文　恭　柳 整理

蒋翊武，1885 年生于湖南澧县。少年时就痛恨清政府丧权辱国。20 岁肄业于常德西路师范，和我的岳父黄贞元联络刘复基等及会党从事革命活动，并与宋教仁取得联系。不意事泄，蒋被开除学籍，改名蒋伯夔，继续活动。后以清吏防缉甚严，赴上海。旋即邀刘复基赴鄂，入湖北新军，共同鼓吹革命，以便相机起事。

1908 年夏，湖北新军成立同盟会(后改组为振武学社)，蒋为会员。1911 年春，振武学社被破坏，改组为文学社，蒋被举为社长。他在新军中发展大批会员，并与同盟会部分会员共同组成领导机构，被公推为总司令，密设总司令部于武昌小朝街八十五号，积极筹备起义事宜。

10 月 9 日，蒋翊武以总司令名义亲书紧急令，定于当晚 12 时，以武昌中和门炮队炮声为号,发动进攻。不料给炮队送命令的邓玉麟走到中和门边,见清军防查森严,城门已闭,便在惊慌中躲到亲戚家去了。炮队没有开炮,各营同志焦急万状。同时总部等机关又被破获,彭楚藩、刘复基等数十人先后被捕。蒋因拒捕,头脚俱伤,后亦被捉。幸他着长袍,垂长裤,清军不甚注意,始乘间逃脱。10日夜间,新军仍照原令执行,所向皆捷。11日,武昌全城光复。蒋先后被委为湖北都督府军事顾问和军务部副部长。适黄兴由沪赶到,被推举为中华民国军政府战时总司令。黄兴赴沪时,由蒋代理。袁世凯任大总统后,礼聘蒋为高等顾问,授以陆军上将衔。蒋洞察袁贼奸谋,不受其诱。后参与讨袁战役,因黎元洪通电劝和双方停战。

蒋翊武未改初衷,秘密入桂,以图再举,不料在广西全州乡间被捕,解往桂林。因蒋着便装,形同随员,贼首正待释蒋,适有蒋的随从副官覃连升被押进听审,覃一见蒋,就前去抱住呼曰:“哎呀!总司令哪!”于是贼首始知为蒋翊武。1913年9月9日,蒋在桂林丽泽门外就义,时年28岁。1916年9月,公葬于长沙岳麓山。1921年,孙中山特立纪念碑于桂林丽泽门,亲自题为“开国元勋蒋翊武先生就义处”。

覃振的牢狱生涯

覃 钰文 功 成 整理

先父覃振，字理鸣，1885 年生于湖南桃源。1900 年，庚子之变，举国骚然。先父目击时艰，在长江上游秘密进行革命活动。1902 年入桃源漳江书院，识同乡宋教仁，志同道合，相交莫逆。1905 年，在东京加入同盟会。翌年 6 月，陈天华、姚宏业灵柩运湘安葬，禹之谟、宁调元同先父首倡公葬二人于岳麓山，以彰义烈。清政府对禹之谟早有忌恨，乃将禹逮捕，绞杀于靖州。先父东渡日本得免于难。1908 年潜回上海，拟联合党人于长江中下游举事，为清吏侦悉，当他于午夜到达长沙时，即在连升客栈被捕。他不顾严刑逼供，滔滔抗辩，泰然自若。结果判处终身监禁，系长沙监狱。在狱中以革命大义向同监宣传，受其感化者甚多。禁子见先父是一文弱书生，亦表同情，对先母每月两次探监，给以方便。有时禁子故意走开，让他们谈话，也不限时间。监牢侧墙上有一圆形窗口，白天打开通风，夜晚关上。当时我才两岁，由母亲抱着以头部进入窗口，让父亲接着。出来时，由父亲从窗口送出。母亲伤心地说："无知小儿也进牢房。"先父说："能让他陪我玩玩，使我得到短暂安慰，有何不好。"禁子对此也不干涉。后先父解桃源县监狱关押，桃源为先父故里，刘复基、蒋翊武等常来探视。他虽身在缧绁，对外间革命活动，仍了如指掌，常有所指点。先母在县模范小学任教，经常出入牢狱，传递情报。禁子同情先父，其十三岁儿子颇机灵，先父收为义子，常来往于监狱、学校之间，为我父母传递讯息，并带我到监狱看望父亲。我也常在牢房吃、睡、玩耍。

先父在桃源狱中曾赋七律一首，及我稍长，先母为之口授，至今尚能记忆。诗云：

八五离家仗剑游，雄心辜负少年头。
误来古洞避秦劫，忍向新亭泣楚囚。
壮志未酬海国梦，伤时感旧故园秋。
渔樵莫话当年事，山自青青水自流。

忆祖父杨度

杨友鸾　杨友鸿　杨友龙　杨友麟　文

耕　耘　整理

祖父杨度，湖南湘潭人。清末，民众要求废八股，行新政，清廷被迫举办经济特种考试。杨度入京应试，成绩优异，考官疑其为新党，因而落第，并被清政府搜捕，遂化装逃往日本。他怀着挽救民族危亡的思想，作了一首《黄河歌》：

黄河，黄河，出自昆仑山，远从蒙古地，流入长城关。古来圣贤，生此河干，独立堤上，心思旷然。长城外，河套边，黄沙白草无人烟。思得十万兵，长驱西北边。饮马乌梁海，策马乌拉山。誓不战胜终不还。君作铙吹，听歌凯旋。

杨度看到日本明治维新后，国家日益强盛，成为世界列强之一，产生了走君主立宪、大兴实业道路的想法。回国后见清政府腐败，已无可救药，想推举一个有“权威”的人物做皇帝，实行改革，富国强民。于是力促袁世凯称帝，积极为实现君主立宪造舆论，成为当时保皇党组织筹安会六君子之一。袁称帝失败，北洋军阀与帝国主义勾结，人民更陷入水深火热之中。1927 年蒋介石背叛革命，共产党人被迫害和屠杀。这一切事实使祖父认识到自己的救国之道是行不通的，他找不到真理，一度情绪消沉，研究佛学，自号“虎禅师”。

与此同时，祖父开始接受马列主义思想。后来，在白色恐怖下，经中共地下党指引，由周恩来同志批准，于 1929 年加入了中国共产党。

这时，祖父已将家搬往上海，以作杜月笙的幕僚为掩护，靠卖字为生。家里值钱之物都变卖了，交了党费。当时共产党的地下报纸《红旗日报》的报头就是祖父写的。祖父入党以后，严格遵守党的纪律，直到临终，没有向他的任何亲人暴露过自己的共产党员身份。只对儿女们说：

"以后任何时候都不能反对共产党。"祖父逝世时，中共中央曾秘密送了一个花圈，家人始知他生前曾与共产党有过联系，但并不知他本人已是共产党员。

解放后，家父听章士钊说过，章在解放区见到毛主席，谈及湖南近代知名人士，提到杨度时，毛主席曾说："杨度也是我们自己的人啊！"

陈渠珍崇尚老庄

戴亚东

陈渠珍(1882—1952)，湖南凤凰县人，号玉鍪，性颖敏。十九岁入当时湘西最有名的学府芷江沅水校经堂深造，与熊希龄先后同学。甲午之役，丧师赔款，国事日非；庚子之变，列强盛倡瓜分中国之议。陈以"天下兴亡，匹夫有责"，遂决心投笔从戎。21岁考入湖南武备学堂附设的兵目学堂，后升将弁班，1906年毕业，同时在长沙加入同盟会。

毕业后，任四川新军队官(连长)，1909年奉命率部援藏，以多谋善战，擢升督队官（副营长)，管带(营长)，1913年底，辗转返归故里，先后任巡防军统领、师长、军长，湖南省政府湘西行署主任等军政要职。

陈渠珍虽系军人，但好读书，除博览《经》、

《史》外，尤喜读《老子》、《庄子》，深受老庄哲学思想的影响，并把它与儒家思想相结合，作为认识事物的规范。他在为训练部属官兵而专著的《军人良心论》中说："天生万物，是自然无为的，不是有意雕刻而成的"；"要守道，率性，顺化，无竞"；"一切顺应自然，勿稍勉强"。

1931年，陈建新居，围墙用土筑，不砌砖石，对亲友说："我建房子，只管用20年，子弟有能力就维修，否则就让它倒塌。'知足常乐，知耻不辱。'"落成之日，署其门额曰："寥天一庐"。语出自《庄子》"安排而去化，乃入于寥天一庐"。客厅的两侧门额，一题"观化"，一题"按时"。走廊壁上，请善书者用正楷写《庄子·养生主》、《齐物论》等篇章，便于随时观读。屋后李子园茅亭的柱上，并悬挂摘录《庄子》章句的木牌。

陈渠珍为其子取名，异于习俗，全出自《庄子》。长子名同福（"性修及德，德乃同于福"）；次子名天一，与门额"寥天一庐"同义；三子名和生（"冲天气以为和"）；四子名北列（"玄天高北列"）。其对老庄哲学思想之推崇，于斯可见。他在同辈军政人员中，独树一帜，即研究老庄的学者中，恐亦属少见。

陈渠珍是建国前湘西最有影响的人物，抗战胜利后，息影家园。我为其僚属，对其轶事，知之颇详，特记之。

白马将军方鼎英

龚业隆

方鼎英，别号伯雄，湖南新化人，1888 年 4 月 7 日出生于一个穷秀才家。1902 年十五岁起，两次赴日留学，先后在东京陆军士官学校、千叶野战炮兵射击学校、东京帝国大学等学校学习。在东京与陈天华同寓，由陈介绍加入同盟会，从事反清活动。学成回国后，参与了辛亥革命、东征、北伐诸战役，历任要职。他身材魁伟，爱骑一匹白色骏马，人称白马将军。

1925 年冬，方鼎英被任命为黄埔军校入伍生部中将部长。翌年，蒋介石命方代教育长，并代行校长全权，派李济深为副校长。时黄埔军校派系斗争激烈，方不愿就任，要求参加北伐。蒋对方说："本党命脉在黄埔，今以党的命脉交给你，责任何等重大！只要你把学校办好，将来还怕没兵带吗？"方鼎英对蒋说："我对学员，不论他是国民党员或共产党员，都一视同仁。凡是好的，都要嘉奖，凡是不好的，都要惩罚。"蒋同意方的意见，于是，方接受了任务。

在黄埔军校，方做了一件为人称道的事。1927 年 5 月，蒋介石命李济深主持清党。方向李提出三个要求：一、给三天时间；二、给点经费；

三、三天内在黄埔军校范围三里内不派一艘兵舰、一个士兵。并对李说:“我的清党之法就是在三天之内，不论何人，都可以请假支三个月薪金,自由离校。如有困难,可支到五个月薪金。不过要经过我批准,报销不要为难。惟有政治部主任熊雄(共产党员),不在支薪三五个月之列,要以出国川资及在外国能生活一年为度，这样来决定付给他的数目。”这些要求都得到了李济深的同意，于是方鼎英按此执行，进行了三天的“和平清党”。

建国后,周恩来同志在北京见到方鼎英,称赞他是有正义感的人,对黄埔军校当年“清党”一事,赞许他主持正义,为人民做了好事。

笔者曾担任方老秘书工作多年，他每谈及黄埔事,豪气仍不减当年。

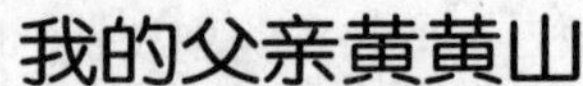

黄锷五

清末,长沙市登隆街有家小铁铺,名叫“黄合泰”。店主兼铁匠师傅积劳成疾,壮年早逝,遗下孤儿寡母六口,其中最小的黄山当时仅六岁,他就是我的父亲。我祖母柳氏含辛茹苦,守节抚孤。见幼子聪颖过人,决心送他读书。打听到著名塾师叶静初先生正在某富家任教，于是磕头作揖,求主人和先生收下他做书僮,一边侍奉先生,一边陪伴少爷读书。他自取名黄俊,别号黄山。静初先生见其资质聪颖,学习勤奋,遂悉心教诲,课读甚严。

父亲十六岁时与少爷同赴长沙县考，少爷未中,他却考上秀才,从此街坊邻里对他刮目相看。他长于古文和诗词，还会做八股文和应制诗,富家子弟纷纷请他代做文章去考秀才,他得了不少酬金,用以供养寡母家人,并就读城南书院，由此学业大进，二十七岁时考中癸卯科举人。

清末废科举,兴学堂,父亲积极创办湖南优级师范,任庶务长。旋东渡日本考察教育并采购仪器设备,结识不少革命志士,并由黄兴、周震鳞介绍加入同盟会,归国后奔波于汉口、广州等地,追随孙中山先生从事推翻清朝的活动。

辛亥革命后，父亲一度出任湖南都督府秘书长,旋因与都督谭延闿意见不合去职。中山先生逝世,蒋介石篡夺革命政权,父亲在南京政府一次会议中与蒋发生争执,竟拍桌而起,拂袖返乡。从此绝意仕途,任湖南大学中文系教授。生平嗜弈,遗著有《弈人传》,已出版,尚有诗文未刊行。

“七七”事变后,日寇犯湘,父亲由于室家之累，未随湖大迁往辰溪，率妻儿辗转流徙于湘乡、安化之间,饱经战乱之苦。每当授塾童、教子女之暇,常引吭高歌,或做诗文以抒情怀,颇多忧郁悲愤之作。尝诵陆游示子诗“王师北定中原日，家祭毋忘告乃翁”，伤感之余，甚至唏嘘泪下，泣不成吟。父亲为当代著名诗人，然而生不逢时，忧国忧民，壮志未酬，抱恨以终。

炭子冲人忆少奇

仁　人

湖南宁乡县花明楼炭子冲是刘少奇的故乡。这是一个小山环抱，溪水萦绕的丘陵地带，双狮岭与靳江留下了我们共和国主席青少年时代的足迹，当地父老乡亲向我们娓娓道来一桩桩难忘的往事。

刘少奇从小生活在一个勤劳、节俭的家庭里，五六岁时就跟着哥哥到田塍边看牛、割草，跟着姐姐上山拾柴、摘野菜。八岁才发蒙，一条长辫子拖在脑后，有时身穿马褂长袍，头戴六页小帽，俨然像个文弱沉静的小书生。上课时专心听讲和抄写，做完功课以后喜欢做点小手工艺，有时邀几个同学下铜钱棋或算盘棋。读书时默不作声，读过的课文不但能背诵如流，理解了还能认真实践，如《三字经》中的“如囊萤，如映雪，家虽贫，学不辍”等，常引来勉励自己和同伴发愤学习。有一次他在山坡放牛，手里捧着一本书，聚精会神地读着，不料牛挣脱缰绳跑掉了，在小伙伴的帮助下，翻过好几座山头才追寻回来。随着国事的危急和年龄的增长，刘少奇已不能满足于私塾单调的读书生活，他设法扩大知识视野，常去塘湾刘家借读藏书。曾在长沙创办修业学校的周瑞仙，是一位倾向进步的知识分子，刘少奇经常去周家读书，除了阅读传播新思想的报刊外，还广泛涉猎历史书籍，这些书在他面前展现了一个崭新的世界。他开始知道了康有为、梁启超、谭嗣同这些维新派人物的“大同思想”和西方资产阶级的改良主义，也知道了卢梭、华盛顿、瓦特、富兰克林这些外国著名的政治家和科学家，从而使他幼小的心灵萌发了美好的理想。他排行第九，年方十四五岁，因为他读书多，见识广，炭子冲人亲昵地称呼他“刘九书柜”。

在辛亥革命新思想的启迪下，1913 年 7 月，少奇同志进入宁乡县城的玉潭高等小学堂读书。为抗议袁世凯接受卖国的二十一条不平等条约，他划破自己的手指，含着热泪，在白纸上写下“誓雪国耻”，并将自己的名字“渭璜”改为“卫黄”，以表达坚决保卫炎黄子孙的志向。1916 年夏天，他从玉潭学校毕业回家，恰逢炭子冲久旱不雨，地方劣绅勾结郑太公庙的首祀，玩起求神许愿的把戏，方圆几十里的穷苦农民被哄骗到庙里求雨。少奇同志当着众人责问首祀，问得首祀瞠目结舌，一场宣扬封建迷信的庙会终于流产。当时他才十七岁。从炭子冲起步，少奇同志开始了平凡而伟大的一生。

任弼时的青少年时代

龚业隆

任弼时,1904 年 4 月 30 日出生于湖南湘阴县(现汨罗县)唐家桥一个贫苦教师家庭。他从小学习用功,热爱劳动,孝敬父母。四五岁时就喜欢写字,可是桌子太高,他就搬一张小凳子放在大凳子上,坐在小凳上书写,常年坚持,后来练就了一手好书法。八九岁时,离家到十里外的一所小学念书。生逢乱世,在少年时代就萌发了爱国之心。他在一篇作文里写道:“吾国国势孱弱,至今日而极矣,外有强邻之逼,内有剧寇之萌,忧国者曰:国危矣!国危矣!”在学校,他心中总想怎样为父母分忧分劳。假期在家,他主动代替父母煮饭,但不会淘米。他要求母亲头天晚上把米淘好,第二天他清晨起床煮饭,母亲起来时,饭已经煮好了。

任弼时十岁便小学毕业,虽然家庭经济困难,但他上进心切,立志升学,背着包袱跟随父亲步行百里之遥,先后到长沙明德中学和长郡中学念书。遇上炎热天气,长途步行,脚底起了泡,他强忍痛楚,一声不响,怕父亲知道了心里难过。

读中学时，任弼时家节衣缩食，每期只能供给一串钱(合一百个铜板)，他自己从不乱花，勉强完成了初中的学业。当时，正值“五四”运动爆发，他参加了毛泽东组织的俄罗斯研究会，开始学习马列主义。初中毕业后，家里已无力负担他升学。1921年，他和刘少奇、肖劲光等一道到莫斯科东方劳动者共产主义大学学习，从此走上了革命的道路。

我与任弼时的胞妹任培辰夫妇来往甚密，常谈及任弼时青少年时期事迹，爰记之如上。

彭德怀严惩恶霸

郭文斌　凌辉　文　田　戈　整理

1918年，我在南县荷花嘴孔家茶楼加入湘军当兵。那时，彭德怀名叫彭得华，当我们的班长。他与我都是湘潭马家河人。有天，他对我说：“郭文斌，我也苦呢！我十岁讨米，十五岁逃到湘阴西林围当堤工，不满十八岁就到湘军当勤务兵。”彭学习很勤奋，每天晚上坐在床铺上练字，深夜才睡。在驱逐北洋军阀张敬尧的战役中，彭班长领着我们打了好几仗，他每次总是身先士卒。后来从湘阴转战到宝庆、华容，不到两年时间，他便由排长升为代理连长。

在华容注滋口驻地，彭爱护和同情劳苦群

众，晚饭后经常到附近的农民家扯谈，了解到当地恶霸地主欧盛钦仗着他老兄是赵恒惕督军署的少将参议，欺压穷人，强占贫苦农民姜子清的稻田苇地等许多劣迹，彭很是气愤。一天晚上，他派了一班长王绍南及两名战士，自己装扮成老百姓，由姜子清带路，秘密处决了欧盛钦。第二天，老百姓听到这一消息，无不拍手称快，还贴出一张无名布告，宣布欧的罪状。过了几天，我们就开往平江，袭击桂系军阀沈鸿英的流窜部队去了。不料，1921 年 11 月底，镇压恶霸欧盛钦的事被欧的哥哥告发，彭赴长沙开会途中，被埋伏的敌兵抓住。但过捞刀河时，一个青年士兵悄悄给彭松了绑，彭一纵身跳上岸，飞快跑了。士兵们只朝天放枪，并未追赶。彭逃到广东，后又回湘潭老家种田。1922 年，他改名彭德怀，考进湖南陆军军官讲武堂。

1927 年初，彭德怀当上了营长，部队驻扎在南县县城对河的梅田湖。当地有个大地主外号"阎大王"，营部就驻在阎家。当时部队给养困难，而"阎大王"的灶房里却挂满了腊肉。彭指着那些腊肉对士兵说："蠢家伙，这些腊肉难道吃不得？"士兵们一拥而上，你一块，我一块地提走了。不久，彭部移驻麻河口。"阎大王"便找一些穷人算账，说士兵提走腊肉是他们怂恿的，要他们赔钱。这些穷人跑到麻河口找彭诉说，彭立即给"阎大王"写信说："如再不老实，不仅要吃你的腊肉，还要你的脑袋呢！""阎大王"再不敢向穷人索取腊肉钱了。

后来彭德怀升任了团长。南县县城的大劣绅和地主恶霸向独立五师副师长周盘送礼，送万民伞，大摆酒席，由名妓作陪，也请了彭团长。彭却在请帖上批了“无耻”二字退还，给了反动豪绅当头一棒。

少年时代的贺龙

叶　浓

贺龙，原名贺文常，字云卿，湖南桑植县人。他的父亲贺士道，在贺龙少年时即去世。母亲王金姑，生有两男五女。由于生活困难，儿女过多，身体孱弱，贺龙出生后，母亲乳汁很少，贺龙常饿得大声啼哭。他母亲常对人说：“这孩子命苦，一生下来就挨冻受饿。”贺龙的堂嫂陈桂英看到这个情景，很是同情，她当时正为孩子哺乳，奶汁也不足，同时又给贺龙喂奶。当地人们常说：“贺常伢像包拯，是靠吸嫂子的奶水活下来的。”

贺龙七八岁还没穿过一条可以遮体的裤子；没吃过一餐可称果腹的饭食，有时忍不住饥饿，就跑到堂嫂陈桂英家找饭吃。他的大姐祝英，比他大十岁，常常喊“常伢！快回来，嫂子家的饭也不多哇！”贺龙听到姐姐的喊声，就把端在手里的饭碗放下，转身向自己的屋里跑去。这

位好心的堂嫂，又把盛好的饭送到贺龙家。

1905年前后，湖南各地淫雨连绵，洪水成灾。“数百里间，汪洋一片，茫无涯际，死者达三四万人，浮尸蔽江，被灾者三四十万人”(《湖南省志》)。桑植境内，也饿殍遍野，哀声盈途。贺士道拉着不满十岁的贺龙进城买“义仓”的平粜米。县衙派出堂勇，用鞭子抽打拥挤的买米群众，贺士道眼见不平，说了几句公道话，堂勇不但不听，反而用鞭子抽打他。贺士道不畏强暴，与堂勇对打，堂勇人多势众，把贺士道抓进了牢房，关押很久才释放。这件事在贺龙幼小的心灵里播下了对清王朝仇恨的种子，也培养了贺龙从小倔强不屈的性格。

武侠高僧印云法师

松 青

南岳南台禅寺印云法师是位武侠高僧，1870年出生于湖南衡山县，九岁出家，随师至河南少林寺学武三年。继而又至郑州向武林高手武学松习武三年。经过六年的勤学苦练，他精通了罗汉门拳、青田棍术和点打术。1887年印云挂单于上海静安寺，曾以点打术惩治了横行当地的英国传教士，一时名震遐迩。

印云法师回到南岳后，曾多次掩护中共地

下党员，惩治国民党特务。1930年深秋，一国民党军官率五名特务至南台禅寺抓共产党员。当时印云掩藏了一个共产党员在寺内，但他说："我们这里全是出家人，没有俗人。我们既不认识共产党，也没有见过共产党员。"那个军官火冒三丈，对准印云一拳打去，口出恶言道："秃头焉敢无礼，欺骗老子！"印云侧身躲过，顺手一带，军官顿时栽倒在地。同来的五个特务一齐上前，对印云拳脚交加。印云毫不在意，乘势用食指在每个人的肩上点了一下，特务们都呆若木鸡，动弹不得。那带队的军官从地上爬起来，知道遇上了强手，连忙向印云告罪赔礼。印云当即释放了那五个特务。

抗战期间，印云在南岳佛道救国会的领导下，积极组织僧侣打游击，多次击退日军对南岳的侵犯，保护了寺庙的财产与设施。1944年，日军侵入长沙、衡阳、衡山一带时，印云已七十四岁高龄，但仍武艺精湛，行动快速。一次他夜间出寺，见两名日兵企图强奸一农村少妇，他立刻挺身而出，运用高超武术处死两个日寇，救了少妇。印云为传授青田棍术，还编写了《青田棍歌诀》。歌曰："少林青田棍，传自元李翁。合计百零九，分为上下中。上曰蜂出洞，中曰虎出林。下曰牛掉尾，总成七棍轮。劈押扫点削，挑拨若弹琴。转身无呆滞，变向不留停。实从虚中取，虚向实处行。择人相授受，谨守莫看轻。"

杨绵仲廉洁可风

钟　山

杨绵仲，湘潭县人，本世纪30年代初到40年代末，先后担任国民党政府安徽、湖南省财政厅厅长、财政部专门委员、地方财政司司长、国库署署长、常务次长等职。解放前我曾在他手下工作。杨身为有名财官，却一生清廉，安贫乐道。

杨中文造诣颇深，赋性豁达，直爽豪放。1940年初辞卸湖南省财政厅长后，转任财政部专门委员。当时日本侵略军对重庆狂轰滥炸。杨为了避空袭，把家安在南温泉，就海棠溪至南温泉公路尽头一个山坡上自建简易住房三间，没有围墙或篱笆，乃于客室自题联语：

也不设篱笆，恐风月畏人拘束；

可大开门户，让江山供我品题。

当然，不建篱笆，敞迎风月的宽阔胸怀，是杨的主导思想，但客观上他也无力建围墙，只是借联解嘲，自我安慰而已。即使是用竹片涂灰作墙，茅竹覆顶的这样三间小屋，还是几位亲友大家拼凑，才得兴建的。

40年代初因通货膨胀，全国物价大幅度上涨。尽管财政部的专门委员是简任官阶，杨家人口也比较简单(三口人)，但官俸实值很低，生活在陪都很不易。1941 年春，友人文思安访问杨家，杨夫人告知已无隔宿之粮，她翻箱倒箧，才寻得银元四枚，请文代购大米。

1949 年春，随着革命形势的发展，国民党政府财政部南迁广州，不久再迁重庆，杨潜往香港，后来客死该地。据人告知：杨到港后因为向无积蓄，一家的生活以及他们夫妇的身后事，皆由友人承担料理。一代财官晚景如此，廉洁高风，令人钦敬。

忆爱国诗人萧伯科

胡文质

萧伯科，名世俭，晚号愚斋，湖南长沙县人。1908 年生于儒素名家，受业于伯祖父清翰林萧荣爵漱云公之门，十岁时即涉猎经史诸子，聪颖过人，深为漱云公所钟爱。远近闻其名，咸欲一试其才。一日，漱云公宴客，席间一名士笑谓漱云公曰："吾等久闻令侄孙有奇才，欲面试之，可乎？"公曰："可！"即命家人呼先生至。客指壁上悬挂之《村妪笼鹅图》为题，限十分钟成诗，问曰："能否？"答曰："能！"先生援笔略思，顷刻而就。诗云："羲之书法传千古，铁画银钩出苦磨。村妪亦知神笔妙，愿求一字报笼鹅。"众宾赞赏不已。当时有一精于篆刻之士，取其珍贵石章一方，镌“江南才子”四字赠先生。漱云公欣然谓先生曰：“吾亦以此画赐汝，望汝益加奋勉，毋负诸公之厚望。”于是“江南才子”之名播于乡邦矣。

先生于抗战时期，感国家兴亡，匹夫有责，慨然将遗产变卖以助军费，其于桑梓间有贫困者莫不解囊以助，而自奉极俭，惜物如珍。一次，先生与余游，见路旁有废篾一片，即俯拾之，余问曰：“此何用？”答曰：“古人云：寸草寸木皆为有用之物，吾以此作引火之物，不亦宜乎！”先生豪侠仗义，诗酒自娱，薄于名利，但爱国之心愈老弥坚。晚年，先生感盛世昌明，力图报效，于1984年将近百余年来历次变乱中千方百计保护之家藏古籍一万五千余册及明、清大书画家真迹二十余幅，从夹墙中取出，慷慨捐献长沙市人民政府，不受分文。其中最名贵之《村妪笼鹅图》乃明代大画家仇瑛手笔，已五百余年矣，堪称稀世珍品。

先生于1987年12月病故于长沙河西望月湖，享年八十。吾与先生过从甚密，至今缅怀先生，犹景仰不已。

书法大师何绍基

端 华

何绍基，字子贞，号东洲，晚年号蝯叟，湖南道县人。生于清嘉庆四年(1799)，殁于同治十二年(1873)。清道光十六年(1836)晋进士，官至翰林院编修、国史馆总纂、四川学政。一生博涉群书，凡历朝掌故，无不了然于心。何精于金石书法，上溯周秦两汉篆籀，下至六朝南北碑帖，都心摹手追，撷取神骨，卓然自成一体，草书尤为一代之冠，誉为清代书法大师。

何练字极为刻苦。初习时，尝将颜平原、钱南园所书屏联悬于壁，朝夕观摩，以为楷式。悬腕作藏锋书，日课五百字。其父训子甚严，常究其所学，稍有懈怠，辄罚以笞掌。后由习帖而临碑，每碑临摹至百通，虽舟车旅舍，未尝偶间。苦练之中尤注重融化，汇各家之长自成一家，诚如曾农髯所云："从三代两汉包举无遗，取其精意入楷。其腕之空取黑女，力之厚取平原，锋之险劲取兰台，故能独有千古。"他的行体，于恣肆中见逸气，一行之中，或如壮士斗力，筋骨涌现；或如衔杯勒马，意态超然。

由于其工书有重名，故求书者亦众，传世之作以联最多。自蜀归里，先后为人书楹帖数以千计，句无雷同。临池时触兴口占，无不新隽工切，语妙天下。一工匠常困于酒，为书联语："爱书不厌如平壑，戒酒新严似筑堤。"既勗其业又止其酒。何为人正直不阿，体恤农野妇孺而傲视权贵。在粤时，总督求书，何素所不慊，久未命笔。岁暮，总督遣人厚持礼币为年敬，何只赏使者以联，总督之求终未理睬。道州盛产荷花，何每携其种分赠友人，某巡抚馈白银二百两，惠泉水一瓮，何只受水而将银退还。其重友谊而轻钱财如此。

何氏一门，世代书香，藏书、刻书、著书，百余年不衰。

何维汉的硬骨头精神

易元九

何维汉(1842—1922),湖南道县人。字诗荪,号秋华居士,晚号桨止、晚遂老人。绍基孙,伯源子。同治六年(1867)副榜,官内阁中书。清末,任上海浚浦局长。幼承蒙学,工于书画。入民国以鬻书画自给。其书专法其祖,规模太甚,而无自我风貌。今苏州寒山寺,尚存其宣统三年(1911)端楷《重修寒山寺记》,可称其代表作品。其画以山水见长。先学僧道济,落笔险怪,后宗麓台王原祁,用笔渐趋纯正,但笔笔来自古人,是继往或有所得,然不能自出机杼,则开来实有所难。但当时画名甚大,人以之与山阴沈脉荪(翰)、淮阴姜颖荪(筠)称"画坛三荪"。亦工人物,出自明人曾鲸,参有西法,故所画肖像须眉浮动,栩栩如生,为当时有名高手。袁世凯称帝时,曾派要员至上海,请画大型画像,准备登基之用。何氏因认清袁氏卖国行径,借口家遭不幸,急待亲自料理,星夜逃出家门。待到袁氏八十三日帝梦破灭,始重返画坛。气节凛然,令人敬仰。

有董某者,请其法书,何鄙其为人,乃撰联诫之。联云:"贤哉不可及;卓尔未由从。"嬖臣董

贤、奸臣董卓皆败类。

语云：艺联于德，德高者其气亦重，观之何氏，信夫！

皮鹿门作《秋感》赋

谭绪缵

皮鹿门名锡瑞，字麓云，湖南善化（今长沙）人。生于清道光三十年（1850），卒于光绪三十四年（1908）。自幼承受良好家庭教育，好学覃思。年三十三岁，为光绪壬午科乡试举人。尔后曾三应礼部试报罢。遂潜心著述，从事讲学，历任湖南高等师范馆、中路师范、长沙府中学堂讲席，是湘省近代著名今文经学大师。

皮氏治经甚勤，著述甚富，因对西汉《尚书》今文大师伏生特别敬仰，曾署其居曰“师伏堂”，学者多称他为师伏先生。其说《春秋》，论大义则在诛讨乱贼，微言则在改立法制，因笃信公羊改制之说，戊戌变法时，与在湘维新诸君子过从甚密。光绪季年，陈宝箴抚湘，创行新政，一时维新之士若谭嗣同、唐才常、梁启超、熊希龄辈咸集于湘，并在长沙设立时务学堂、湘报馆、南学会诸机构，讲求新学新知，开发民气，鼓吹新政。皮鹿门亦被聘为南学会学长，主持讲席，从经学角度阐述变法维新之要义，并特以《论不变者道，必变者法》为讲义，一时湖南官绅士民前来听讲者甚众。每次讲学，因多由凤凰熊希龄执摇铃之役，故当时传有“鹿皮讲学，熊掌摇铃”之佳话。

皮鹿门主张变法维新，对以慈禧为首的顽固保守腐朽势力，深表痛恶；于维新党人及支持变法之光绪帝，深抱同情。光绪二十四年(1898)九月戊戌政变，光绪被软禁，六君子遭杀害，皮氏闻而哭之。曾作《秋感》赋二首寄怀，兹录于下：

一

妖孛横侵白日阴，老蟾跳出照森林。
汉家玉玺无完璧，唐代金轮有嗣音。
虎鼠又成今日变，龙蛇方识古人心。
黄尘碧海须臾事，多恐神州付陆沉。

二

神虬失水厄池中，猛虎毛间困毒虫。
党锢人才尊狱吏，皇舆成败问天公。
他日白马多冤鬼，异代元鼋兆女戎。
野老何心听时事，祇恐雷响耳难聋。

这两首诗，充分体现了经学大师皮鹿门的爱国主义思想。

目录版本学家王礼培

刘志盛

王礼培，字佩初，晚年自号潜虚老人。世居湖南湘乡城郊宋津渡后峰石坳，生于清同治三年(1864)农历十二月初一，卒于民国三十二年(1943)农历三月初三，享年八十岁。室名“小招隐馆”，藏书处名“扫尘斋”，抄书地名“紫荆精舍”。王氏为湖湘世家望族，其叔祖王鑫为湘军创始人之一，到礼培这一代，弃武习文。他十岁时，随伯父寓居长沙，就读于湖南思贤讲舍，后又移读致远楼，从湘潭大文豪王闿运读经研史，学业猛晋。清光绪十九年(1893)二十九岁时中举，后因科第不登，仕途失利，遂无意功名，致力于教书、抄书、藏书事业。精于版本目录之学，善于鉴别古书版本和字画碑帖真伪。湘潭杨钧在《草堂之灵·说版本》中说：“叶(叶德辉)王(王礼培)藏书至富，故版本之考究，为吾湘冠。两君之于版本，已不让人。”王氏工书法，善诗文词赋，与挚友陈三立等均为当时诗人之佼佼者。著有《前甲子诗篇》、《后甲子诗篇》、《谈艺录》、《扫尘斋文集》、《雨思集》等。

王礼培非常爱护书籍，他经常往返于北京、天津、上海、南京等地，极力访求古籍善本，自

云:“异书一时获,外物更何求。”经他 30 余年的访求搜集抄写,藏书达十万余卷。宋元珍本,明清刻本、稿本抄本、碑帖书画琳琅满目,典籍盈架。王礼培家乏财力,昂贵的宋元刻本不敢问津,只好去书坊铺摊收集散页残本,汇装成《宋元留真谱》两厚册传世。书中王题跋称“余家所收宋元版,积四十年之力,得宋椠 20 余种,元椠及明初本不下百余种。”而明中晚期及清刻本书尚不计算在内。王氏“紫荆精舍”藏书之精华,是众多的明清抄稿本,王礼培将其编入《复壁书目》的抄稿本、批校本,分经、史、子、集四部 28 类,计 341 部、968 册。这些贵重古书,为王礼培研究古籍版本目录之学,打下了基础。

王礼培平生活学严谨勤奋,30 年代寓居长沙,任湖南船山学社董事长时,常去玉泉街古旧书肆浏览古书,以低价买回古籍珍本,传抄整理,评注补缺,考证版本,题跋批校,千方百计使其成为完璧。王氏题跋批校的书,大都具有历史文物价值和学术价值,海内收藏者视为珍宝。湖南图书馆、上海图书馆均藏有王礼培的珍善本。

我国首建的“常德图书馆”

李华钰

湖南武陵县(今常德市武陵区),于清光绪

二十九年（1903）七月建立了中国第一个图书馆——“常德图书馆”，开创了我国图书馆事业的先河。

清朝末年，我国由藏书楼开始向图书馆过渡，亦开始了书籍由为官员专用转向为群众服务，对弘扬民族文化产生了很大的影响。据1903年7月11日《湖南官报》第482号记载：“‘常德图书馆’新近举行，图书类出，……近有浏阳雷茂才、光宇，在常德纠集同志，捐凑资财，开办图书馆，招人校阅。经前常德府朱太守其懿批准，租地吕祖庙，暂行试办。闻每日至馆阅书者常达数十人。将来风气渐开，亦学堂之一大助力也。”

有识之士雷茂才、光宇集资创办“常德图书馆”，旨在改变当时单纯保存文化典籍转向以利用为目的，专为统治阶级服务转向为社会开放，对我国图书馆事业兴起与发展开拓了道路。“常德图书馆”开办以后，馆藏一批古籍线装书，向民众开放，供读者查阅，受到社会各界的重视、支持和欢迎。

“常德图书馆” 建立不久，“湖南图书馆”于1904年3月由梁焕奎、谭延闿等十二人发起创办，成为中国最早建立的省级公共图书馆，初定馆址长沙定王台。1905年改为清廷地方官办“湖南图书馆”，1912年改为省立“湖南图书馆”。由此可见，“常德图书馆”的创建，虽属私人集资开办，但得到常德太守朱其懿的批准，图书馆事业在中国始有，是值得赞誉的。

"常德图书馆"、"湖南图书馆" 相继建立不久,在社会上引起普遍的关注与重视。清朝政府于 1909 年曾颁布《京师及各省图书馆通行章程》,明确规定图书馆应以保存国粹,造就人才,以备硕学专家研究学艺,学生士人检阅考证之用,以广征博采供人浏览为宗旨。以后,政府举办图书馆已经作为一种社会教育机构遍及全国各省。

平江不肖生向恺然

戴铁珊

向恺然先生(1889—1957)在 30 年代曾红极一时,他不仅武艺超群,而且是蜚声海内外的武术理论家和武侠小说作家,笔名"平江不肖生"。盖其祖籍湖南省平江县向家岭背,又据老子《道德经》"天下皆谓我大,大而不肖。夫惟不肖,故能大"而命名。

向恺然承继明清侠义小说传统,并加以弘扬,著述甚丰,共写了十多部武侠小说,风行于世,成名之作当首推《江湖奇侠传》。这本书写的是平江、浏阳两县居民为交界处赵家坪的归属问题而展开的一场武斗,这是确有其事。中间虚构了昆仑、崆峒两派剑侠分头参与助阵,从而引出一连串生动有趣的情节。上海明星电影公司改编成电影《火烧红莲寺》,风靡一时。剧情虽属荒诞,却也反映了正义与邪恶的斗争,歌颂了主持正义的江湖奇侠,鞭挞了鱼肉人民的邪门妖道。向恺然的创作素材多来自民间,他秉性诙谐,健谈好客,广泛搜集民间奇闻逸事。腹稿既成,便提笔疾书,一气呵成,不必另行誊写。他家境不丰,又因常设酒饭茶点款待提供素材的来客,不免间有断炊之虞。他便叫家人将衣物暂时典当,闭门谢客,一连十几昼夜笔耕,然后嘱家人将稿子送往书局取款赎当。向恺然擅写蝇头小楷,曾手书全部《金刚经》于折纸扇面,工整秀丽。

向恺然一生热爱武术,尤具爱国热忱,结识南北武术名流,谋求强种救国之道。青年时代两次东渡日本留学,尝以超群武艺弘扬国威。1931年的一天,在东京街头见一日本浪人欺侮中国留学生,他义愤填膺,冲上去用"黑虎掏心"招式将其掀倒在地。同年秋天,他在东京三骑座的柔道比赛中,战胜了日本柔道高手松平。对手不服气,煽动日籍学生寻衅闹事,他飞起一脚将路边一株碗口粗的树干踢断,日本学生见状,悄然而退。30年代,他应聘回湘担任国术训练所秘书,后来又创办国术俱乐部,从事普及全民武术。解放后,他任湖南省文史研究馆馆员,省政协委员,终年六十七岁。

感于向恺然平生动人事迹,访其亲属,拙笔成文,以志纪念。

南社诗人田名瑜

戴亚东

田名瑜(1890—1981),字个石,晚年自署痴翁,湖南省凤凰县人,曾就读于湖南高等学堂。1911年加入同盟会。后回家乡执教于文昌阁小学,教过沈从文的国文课(时沈在该校读高小),沈对其治学和朴素生活极为敬佩。

田名瑜善诗词和书法,诗学唐宋,能去华存实,书习《黑女志碑》,苍劲朴拙。早年参加南社,与柳亚子等相互唱和,有次韵柳亚子的《乐国吟》三十五首,诗作多刊载于《南社湘集》中。田后从政,数任县长,但不失书生本色,俭朴严谨,两袖清风,无官僚习气,乡人目为长者。抗日战争时期,曾随一二八师浴血抗战于浙江嘉善前线,作有《倭奴》一诗以记之:

倭奴喷血满江山,马革沙场恨愤间。
弹雨枪林存性命,当时不意可生还。

1951年7月,田被聘为中央文史研究馆馆员,沈从文时亦寓北京,彼此时相过从。沈题其《寄庑图》册诗云:

京华寄身久,醇朴犹老农,
作书拙愈秀,行文晚益工。
临水赋鱼乐,登高送塞鸿,

心目两明健，为近广寒官。

虽仅四十字，对田的诗文、书法和生活，作了真实的描述。田与柳亚子故旧相逢，亦有酬唱。

田与我系同乡，我任中学校长时，田奉派回乡主持县政，常探讨振兴教育，受益良多。田曾赠我条幅三纸，惜今已不存。

杨度为齐白石画题诗

唐伯固

1917年7月，因参与袁世凯洪宪帝制失败而被北京政府通缉的杨度，正躲避在天津租界，过着"往来二三子，皆复患难余"的隐居生活。信仰了十几年的君主立宪道路走不通了，思想上受到沉重打击。在没有找到新的出路之前，他只好用参禅学佛来解除内心的苦闷和消磨日子。出乎意料，著名画家齐白石突然千里迢迢从湖南跑来看望他。原来，杨度和齐白石不仅是同乡、同学，又都是晚清著名国学大师王闿运的门生，他们虽然久不见面，但心息是一直相通的。在这最困难的时候，齐白石给杨度带来了故乡亲人的情意，带来了干辣椒和腊肉，更带来了自己的写生作品——五十二幅《借山图》请他欣赏。杨度从中得到极大安慰，为表感激，他在《借

山图》上题长诗一首,全诗如下:

数年扰扰羁城市,每忆江南采兰芷。昨宵一梦到家山,犹似渔樵洞庭里。今晨盥毕闻叩门?忽见故友齐山人。问君几日别湘渚,却乘兵乱来京津?当今群帅方争战,飞机直达乾清门。九陌惊传复辟诏,四郊骤见共和军。山人乞猝遇锋镝,青鞋草笠奔风尘。嗟尔平生浪游士,酷爱名山耽画理。暮泊黄河吊日斜,朝登少室看云起。淋漓风雨入纤毫,洒落烟去归片纸。箧里寥寥几画图,胸中无数奇山水。落拓江湖老画师,晚遭兵燹更支离。十五年来一相见,各讶苍颜非昔时。湘潭已殁樊山老,夏大逋亡郭五赢。昔与游山题画者,今日披图一泪垂。世事苍茫谁料得,六年五见兴兵革。群雄战斗任纵横,吾辈诗歌莫萧瑟。白日苍苍照海头,当前行乐更何求。君无山隐借山隐,我未游山借画游。眼底山川能适意,乱离身世听悠悠。

这首《题齐山人〈借山图〉》反映了民国初年战乱频仍给人民造成的灾难,表达了作者对故乡景物的眷恋热爱、对老友齐白石的深切情意。

美丽的图画和丑恶的现实毕竟不能统一,企图“悠悠”遁入空门的杨度,最后终于走向共产主义的光明大道,成为一名中共党员。

丁玲的求学时期

吴学然　李华钰

丁玲原名蒋冰之，又名蒋伟，1904年出生于湖南安福(今临澧)县，世代望族，其父蒋宝黔曾留学日本学法政，因体弱多病，吸鸦片，三十二岁便过早去世。母亲余曼贞变卖全部家产，还清债务，携带她和不满周岁的弟弟回到武陵(今常德)县外祖父家寄住。外祖父是位官僚，家里佣人不少。她目睹十冬腊月残忍的舅父毒打丫环，然后只让她们穿一件单衣一条单裤，赶到堂屋里过夜的情景，整夜难以入睡。半夜里，她把自己盖的一床小被子悄悄地送给丫环们盖，又把烘篮(一种烤火的用具)拿给她们暖身，丫环们哭了，她也哭了。家庭的衰落，外祖父家的凶残，在她幼小的心灵里埋下了叛逆的嫩芽。

丁玲1918年小学毕业后，以名列榜首考入桃源女子二师预科读书。她在校勤奋好学，喜欢思考，还喜欢绘画，对体育和唱歌也很爱好，算术考试总是得100分，学期考试，也总是第一名。第二年5月，"五四"运动在北京爆发，席卷全国，该校也卷入这一爱国运动之中。丁玲上街参加游行，她同全校六十多个同学剪了发辫。学生会组织举办平民夜校，向附近贫苦妇女宣传反帝反封建的道理,给她们上识字课,丁玲也参加了这一活动。当时,她年纪最小,在夜校里教珠算,群众都称她是“崽崽先生”(即小孩子老师)。学校放暑假,她回到常德,不久,来到长沙参加第一师范举办的暑假培训班学习。以后又与杨开慧、许文宣同在周南女中读书,继而为冲破男女不同校世俗,考入岳云中学读书。

1921年寒假,丁玲回常德看望母亲,恰巧碰见原桃源女子二师的高年级同学王剑虹(后与瞿秋白结婚)从上海回来,互相接触倾谈,促使丁玲想同赴上海学习,但却遭到舅父的坚决反对,其原因是幼年的丁玲由外祖母包办与表兄订了婚约,舅父要她在湖南读书,毕业后和他儿子结婚。这样,引起丁玲对舅父的强烈不满。她在王剑虹的支持下,拿起笔撰写文章,揭露舅父虐待佣人,借办育婴堂等慈善事业盘剥穷人的恶劣行径,在当时常德的《民国日报》上公开发表,使她的舅父下不了台,从而使舅父解除了包办婚约。

1922年春,丁玲随同王剑虹离开常德,同赴上海。途中,她同王剑虹谈起反对封建世俗,议论“改姓”。丁玲感到“蒋”姓笔画太多,就改为两画的“丁”字为姓,更名“丁冰之”。从此,她走上了从事革命文学的征途。

舒新城的"成高"风波

向继东

舒新城，湖南溆浦人。1924年秋，舒新城任成都高级师范教授时，结识了从法国留学归来的李劼人。那时舒已是很有名气的教育家了。他到成都后，就被十几所中学请去讲演，成都的报纸几乎每天都有其活动报道。因此，该校的守旧势力对此嫉恨在心，认为舒是个"危险人物"。1925年4月，终于在成都高师酿成了"驱舒风潮"。

事出有因。该校有个叫刘舫的女生，过去念中师时读过舒的著作，对舒很是敬仰。舒任教该校时，一些进步的青年男女学生常来请教。后一官属之女，嫉妒刘舫，便偷了刘的日记，呈报校长，说刘、舒有恋爱行迹。并有追求刘舫不得之恶意男生，冒舒新城之名给刘一信，信也被送至校方。此事对于守旧势力来说，认为玷污学风，败坏师道，更是有机可乘，于是在学校掀起了"倒舒"活动。4月26日，傅子东校长召刘谈话，告以事态严重，令其转学。刘舫不服。第二天，刘的同学好友林静贤找到校长，理直气壮地指责令刘转学无理，林也被开除。

这时学校形成"拥舒"、"驱舒"两派，但因校方站在守旧势力一边,因而使事态扩大。4月28日中午,舒正在李劼人住处给校长写信申述情由,学生王子野等来急告:校方开会议决请督署派兵干预,要舒立即躲避。这时,李劼人、陈岳安等好友也认为事情紧急,劝舒离开。他们正午餐间,劼人院外人声嘈杂,大门猛捣。舒稍一化装,由陈岳安领着翻过劼人家后墙。劼人将门打开,乘着酒兴与宪兵周旋一阵,才让入室搜查。后宪兵捕舒不得,抓了李劼人入狱。

舒逃脱后在陈岳安家小住,后又转藏他人家中。5月8日,李劼人经成都高师教职员孙卓章等三十余人请愿,才得放释归家。当夜,李劼人即找陈岳安同去看望舒,议定舒化装离蓉之办法。5月11日清晨舒化装骗过军警出城。

此后,舒新城与李劼人结成至交。1935年,李劼人写信给在中华书局任编辑的舒新城,告以拟写自甲午战争至五四运动的多卷长篇小说,问他"能否接受出版"。舒复曰:"可以。"这就是李劼人后来出版的《死水微澜》、《暴风雨前》、《大波》等长篇小说,为中国文坛留下不朽之作。关于"舒、刘"恋爱问题,那时舒新城并无爱心,只是刘有倾慕之意。经过此次大波,反而滋长了彼此的爱苗。经过六年鸿雁传书,他们终成爱侣。如没有"成高风潮",他们是绝对没有缘分的。

鲁迅先生的教诲

黎锦明 口述　李华钰 整理

1927年初，我经友人胡愈之介绍，到海丰县担任海丰中学教员，并为《海丰日报》和广州《国民日报》撰稿。这时，我知道曾在北京大学给我们授课的鲁迅先生已从厦门大学到广州中山大学任教，我约友人招勉之利用寒假专程赴广州拜谒，当面请教。1月31日下午，我和招来到鲁迅寓所，他身着长衫，浓眉舒展，态度和蔼，站在会客厅欢迎。进到会客厅，没有等我们开口，先生就亲切地问我们有什么事要谈。我先自我介绍，并说这次特来请教怎样看待广东的农民运动，怎样对待工农群众。先生作了恳切扼要的解答。他说希望我们青年人积极热情支持农民起来争取自身解放，要为农民运动做些切实的事情，我们听了很感动。这次晤谈时间不长，告辞时，他送我们至客厅门外，望着我们走去很远。

2月2日和11日，我又先后两次独自拜见鲁迅先生，请他谈写作、谈人生。他每次接见都非常热情，谆谆教诲。他说要面对现实、面对人生，要写群众的生活，实实在在地表现工农大众。还谈了如何做人的道理。谈完，我向先生告辞，怀着无限激情回到海丰，写了《访问鲁迅先生》一文，发表在《海丰日报》上，引起读者的强烈反响。

10月初，鲁迅先生回到上海，我为出版反映大革命时期革命者生活的作品《尘影》到上海开明书店，同当时任编辑的叶圣陶商定，请先生撰写序言。为此，10月14日下午，叶与我一道到先生寓所奉访，他欣然应允。我们将《尘影》原稿留给他，便告辞了。先生审阅之后，于12月7日为《尘影》作序说："谁更为仁义和钞票写照，为三道血的'难看'传神呢？我看见一篇《尘影》，它的愉快和重压留与各色的人们。然而在结末的"尘影"中却又给我喝了一口好酒。"在叶圣陶的帮助下，《尘影》于1927年12月出版。这一切都是鲁迅先生的教诲、关怀和支持的结果，使我永志不忘。

郁达夫在汉寿

黄启向　叶　愫

抗日战争时期，郁达夫(1896—1945)曾在汉寿小住两个月，给汉寿人民留下了难忘的回忆。

1938年7月20日，郁达夫一家在著名文人易君左夫妇的帮助下，从武汉到汉寿避难，借住在县城北门外具有悠久历史的老醋店蔡天培

家。行装甫卸，他就投入了火热的抗日救亡运动，口诛笔伐，不辞辛劳。他应汉寿县第一高等小学的邀请，给全校师生作了《政治与军事》的讲演。他慷慨陈词，宣扬抗日，抨击时弊，听者无不动容。后又应县教育局之聘，担任小学暑期训练班的国文教员，给学员讲授文学史。他在汉寿写下了不少即景咏事的佳作。他和易君左同游风景胜地西竺山时，堤上垂柳，堤下露荷，竹篱茅舍，湖光旖旎，触发了两人诗兴，曾联句云："西竺山前白鹭飞，花姑堤下藕田肥。柳荫闲系瓜皮艇，茅舍新开杉木扉。藤曼欲攀张网架，牛羊亦恋钓鱼矶。桃源此处无多路，天遗诗人看落晖。"

湖南著名画家刘寄踪恰在此时从长沙避难回汉寿老家，请郁达夫到家作客，两人一见如故，畅谈竟日。郁欣然命笔，将所作一首七绝诗写成条幅相赠，其中有"男女合战沙场死，岂为凌烟阁上图"句。刘寄踪生前深情地回忆说："他送的那幅字，报国之情，溢于纸上，珍藏至今已半个多世纪了。"当时郁达夫衣着朴素，生活清苦。汉寿系鱼米之乡，盛产鱼虾，而且价格低廉，这使郁喜出望外。他平日不拘小节，常在集市沽酒买鱼，成了鱼贩酒肆的老主顾。

郁达夫怀着爱国深情于 9 月 21 日凌晨只身离开汉寿，奔赴福建抗日前线。

周立波娘子关前脱险记

胡光凡

著名作家周立波在1941年10月发表于延安《解放日报》的新诗《一个早晨的歌者的希望》中，曾经意味深长地为自己预先写下一段墓志："死者是一个普普通通的男子，/一个洞庭湖边的乡野的居民，/在生前，/他唱过歌，/他晒过太阳，/他碰到过几次危险，/在娘子关前，在九华山下……"

1937年12月下旬，周立波作为随军记者，奉八路军总司令朱德之命，陪同美国海军陆战队上尉埃文斯·卡尔逊前往晋察冀边区访问，并担任卡尔逊的翻译。卡尔逊是受罗斯福的派遣，前来中国考察国共两个战场的实况的。他们从八路军总部驻地山西洪洞出发，朱总司令特地派了一个武装排护送他们。在这次考察行程中，周立波和卡尔逊出生入死，患难与共，结成了好友。1938年1月下旬，在他们进入边区以前，要通过日本侵华军重兵驻守的正太铁路沿线的封锁区。为了尽可能避开敌人的炮火，他们一行趁天黑穿过铁路，沿着崎岖险峻的山路往前奔，一夜翻越八座山，三十二小时跑了一百八九十里路，创造了强行军的奇迹。当他们爬上娘子关前最后一座大山时，已经是半夜时分。山顶寒风刺骨，累得汗流浃背的周立波病倒了。他躺在乱石上，面色苍白，口渴如焚，护送的八路军指战员和同行的卡尔逊都非常着急，因为侦察兵报告，众多的敌兵已经出动来追赶他们。不远的山头，就看得到敌人新筑的工事和亮着灯光的哨所。周立波心想：我宁死也不能躺在这里等着当俘虏！他挣扎着要爬起来。这时，卡尔逊想起自己身边带着阿司匹林，连忙取出几片递给周立波。幸好一位同行的战友水壶中还有一点水，他费了好大劲，用小刀撬开结冰的壶盖，把一杯清凉的水送到周立波口边。

周立波怀着感激的心情，喝下战友的水，服下美国朋友的药。口渴解除了，又得到了短暂的休息，精神立即振奋起来，体力也逐渐恢复，他便挺起身子，跟随战斗的行列疾步下山，天亮时终于到达我军防地。

田汉的两首诗

张兰欣

抗战初期，日寇的铁蹄步步深入，人们纷纷向内地转移，古老寂静的山城桂林，一时间聚集了许多名作家、文化人，成为大后方的“文化城”。

1941年秋,新中国剧社成立,田汉应邀来到桂林,居家于花桥东灵厅一所民房。田老太太住头进的一间偏房,田汉和夫人安娥住在小天井后面的小木楼上。我和彭燕郊也住在那里。田汉住的是一间小得只能放一床、一桌的房间,和所有的进步文化人一样,生活非常简朴和清苦,但仍然在那里写出了剧本《秋声赋》。在他和欧阳予倩的领导下,桂林的戏曲运动开展得轰轰烈烈,1943年还举办了盛况空前的西南戏剧展览。

1944年春,日寇大举南犯,长沙、衡阳相继沦陷,桂林吃紧,国民党当局早已决定弃城而逃,开始了大疏散。我们这些靠稿费为生的穷文人,简直是走投无路,最后只能流离到小城荔浦,靠我哥哥当小职员的微薄收入暂时维持,那时我和燕郊已有了一个不满周岁的女孩。荔浦为逃难必经的通道,成天有汽车经过。一天下午,燕郊抱着小女儿到街上玩,看见一部卡车停下来,箱笼杂物上坐着田汉夫妇,两人浑身尘土。原来,聂耳的弟弟是当时云南省银行桂林分行经理,他们才得以搭上他的便车逃难。燕郊连忙把他俩接到住处,安排洗澡、晚餐、住宿。战火中异地相逢,分外亲切。后来田到贵阳,想去重庆,却迟迟不能成行,困居在物价飞涨的贵阳好几个月,写了一首十分愤慨沉痛的诗:

爷有新诗不救贫,贵阳珠米桂如薪。
杀人无力求人懒,千古伤心文化人。

1949年,田汉夫妇在北平又和燕郊相聚,多

年阔别，感慨万千，田汉赋诗相赠：

诗是光，诗是火，诗是枪，诗是刀，

兵火仓皇歌不歇，我所思兮在荔浦。

这两首诗，至今仍深深留在我们的记忆里。

人物御龙帛画重见天日

吴铭生

长沙市南大十字路有个小地方叫子弹库，这个地带是古代的墓区，其中战国楚墓甚多。民国时期，住在附近麻园湾的“土夫子”(盗墓者的浑名)常到此盗掘古墓。“土夫子”任全生曾在这里盗掘过一座战国楚墓，出土一件珍贵的“缯书”。此件国宝初为古董商蔡季襄所得，后在上海被美帝国主义分子柯克斯骗走，现仍流失在美国。

建国后，任某等“土夫子”被安排在省文物工作队当发掘工人，从此与我共事。1964年前后，我与任等一起清理古墓。劳动之余，彼此无所不谈。有关他们过去盗墓的事情，也成为话题。任谈起“缯书”时对我说：“民国三十一年(1942)，我在子弹库挖那座战国木椁墓，得了一些漆木器和兵器，还有那件“缯书”，便宜卖给蔡季襄。这座墓里面还有东西，要是再清理一下，说不定还会有些好文物。”他特地带我到子弹库察看现场，此时墓葬上面已建了围墙。我很想将这座被盗掘过的木椁墓重新发掘，以便了解“缯书”墓主人的身份及有关问题，于是向省博物馆领导作了汇报，但没有得到批准。“文化大革命”时，我被下放劳动，自此与任等分手。1976 年，我从农村调回，得知任某已作古。庆幸的是他提到的那座被盗的木椁墓，在 1973 年 5 月已全面发掘，任某也参加了清理，再次获得一件国宝——“人物御龙帛画”。这座木椁墓属于战国楚墓，墓主身份为大夫级，残存骨骸经鉴定为男性，四十岁左右。当年任某等打的盗洞，落在放置随葬物的“头箱”部位，凿开椁板从里面盗取文物，现存的文物多已残破，令人痛惜。逐层清理葬具时，在盗洞附近的下方木椁盖下面的隔板（俗称内板）上，意外地发现一件丝织品，经过细致地整理，原来是一件罕见的珍宝——“人物御龙帛画”。画面一男子侧身而立，危冠长袍，手拥长剑，立于龙舟之上。龙尾企立一鹤，水中有鲤鱼一尾，画之上端有华盖。

此画显然不是纯粹的画饰，而是一幅寓古墓主人“御龙升天”、“引魂升天”的幡，其内涵与《楚辞》不无千丝万缕的联系，因此它的价值不局限于绘画艺术，更富有意义的是提供了研究楚人神话、民俗观念、宗教思想等方面的珍贵实物史料。“人物御龙帛画”重见天日，可谓不幸中的大幸。

科举考试亲历记

蒋子辉 遗稿 黎元善 楚 兵 整理

科举制度是中国封建统治阶级为维护其统治而推行的一种考试制度。我参加了最后两年即光绪甲辰(1904)、乙巳年(1905)的华容县考。此时,清廷对科考的规定已略有放宽。光绪二十八年(1902)明令废除八股,改试策论,也不考"试帖诗"了。每场只考一篇作文,命题也不限于《四书》、《五经》。县考共考五场,约十天时间。第一场取录者再考第二场,为复试;逐场筛选,每考完一场后就发榜。发榜时放铳三响。第五场又叫终场,终场取录第一名者为县案首。凡终场榜上有名的考生，由公家招待吃一餐饭。这些考生自当引以为荣。

华容县考在每年农历二月初举行，每次应考者约一千三四百人。我县考棚规模之大，在全省是数一数二的。考生半夜起床后，就急忙赶到考场外等候，天未亮就点名入场，一直考到下午三四点钟才结束。场规严格，县官端坐在大堂正中的小台上，考生座位连着一条长案，每条长案可坐二十余人，面朝北面大堂，字号贴在案上，中无间隔。因坐的人多，常有摇动，誊写试卷时要特别留神。作文时不许交头接耳，擅自移动。监考官来回巡察，倘有犯规，如移位、换卷、丢纸、喧呼、顾盼、吟哦者，一经发现，轻则立即扣考，重则枷示。大小便也要监视，恐考生在厕所作弊。在规定的考试时间内放几次排（休息几次），定时报点，以击鼓为号。先做好文章的考生可以提前交卷出场。县考第一场的题目分已冠（成年人）和未冠（未成年人）两种，第二场考题就不再分了。因题目出得太深奥，很多考生无从下笔。光绪乙巳年（1905），华容县参加县考的童生开始有一千二百人左右，考至第二场减到只有七八百人，第三场四五百人，第四场二百多人，到第五场就只剩八十人了。这年县考的案首是松木桥的潘毓（又名鼎新，是辛亥年华容响应武昌起义的主要领导人之一）。按规定，案首以后虽要参加府试和院试，但都是“当然秀才”。府试与县试的报名、保结（担保）、考法相同，至末

场取录第一名者为府案首。

清廷虽制定了严厉的刑律，以防止科场弊端，但实际上，私人托情、贿买、夹带、顶名、冒籍、暗通关节等舞弊情事，仍在隐蔽中巧妙地进行。这场县考后不久，乙巳年八月，清廷即下令废除科举，县科考也就寿终正寝了。

花山血迹

杨苏勤

1902年，东安雷发聋就读两湖书院，被湖广总督张之洞选派赴德国留学，途中因病回国，在革命党人的影响下，他四方奔走，鼓吹推翻清政府，建立共和制国家。1906年冬，雷携弟雷竞群投身“常备新军”，参加了“浏澧之役”。事败，潜归故里。1908年冬，雷发聋在其家乡下花桥倡导集资办新学，商借花山寺为校舍，于是一座民办小学诞生了。这在当时可算是一件大事，引起社会上强烈反响。谁知这一进步行动遭到旧势力的反对，他们串通官府，以雷剪辫子和主张掌握武装为“罪名”，告到零陵郡守衙门。郡守德泰乃旗人，痛恨革命党，竟批准予以杀害。

1906年农历二月六日，在当地豪绅的唆使和欺骗下，数千人包围学校，捉拿雷发聋。当时雷不在学校，工友急忙传递消息，劝雷速走，雷恐怕连累师生，不肯离开。在工友拉扯下，始向后街走去，不幸被发现，一群暴徒跟踪追赶，将雷杀害于离校半里的翁家坪，其弟雷竞群只身前往营救，亦重伤身亡。后湖南省教育委员会会长谭延闿鉴于雷发聋为办新学而牺牲，为其昭雪，并批准将雷的事迹记于大汉烈士祠。1924年东安县学界为雷发聋举行追悼大会，将遗骸公葬于花山学校旁，凿刻“花山血迹”四个大字，以示纪念，并将花山学校更名为“发聋学校”。

“南方武训”胡元倓

俞崇文

胡元倓，字子靖，湘潭人，他创办的长沙明德中学久享盛誉，与天津的南开并列，所谓“南有明德、北有南开”。其办学经费全靠胡子靖一人筹措，从1903到1936年，他的精力全用在这所学校，被尊称为“南方武训”。他向外募捐或挽留教师，有时竟不惜屈膝以求。如陈介是外交家，在明德中学教英文，后另有高就，而继任者未到校，胡子靖为了诸生的学业，真向陈介下跪，将陈挽留了一个学期。

胡子靖属湖南第一批留日学生，曾任湖南留日学生监督。他的故旧和学生很多，遍布湖南乃至全国各界。例如，黄兴、谭延闿是他的好友，陈立夫是他的学生。由于这些关系，当他手持捐薄募捐时，别人不好拒绝。明德中学国文教员刘弘度(永济)曾师事胡子靖。他出身贫寒，学贯中西，好不容易凑了四千银元旅费，准备到牛津大学研究院攻读博士生。这时正逢明德中学经费困难，发不出教员工资。胡子靖便到刘弘度家，对他说："弘度，你不要走了，把你的四千元借给我济一时之急。"刘只好放弃了留学的机会。这是1917年冬天的事。我的姐夫李玖是刘弘度的学生，当时他正在刘家话别。刘弘度认为，胡公前来借钱。这是无法抗拒的"命令"，乃倾囊而出。有人戏言："人生大不幸，遇上胡子靖。"

外人在湘创办女校之始

涂德驷

外籍人在湘创办女校，始于清末民初。

民国元年(1912)，外国在长沙之教会长老董事会，接收湖南伦敦会之财产及职权。长老会之怀特牧师早有在湘创立女校之设想，今既接收伦敦会之财产，创办女校之条件业已成熟，旋即向其他各教会征求意见，请其协力创办。首获循道会赞同，经两年之筹备，至民国三年(1914)，于长沙市北门外创建福湘女校。

开创之际，学生寥若晨星，仅有十四人，校

长为美传教士穆拿亚女士，兼任教员。美人任教者，尚有范金勒女士。华人教席二人，分任国文、历史课。学生多由循道会、长老会送高小毕业生入校就读。以后学生逐年增加，校舍亦随之扩大，至民国八年(1919)已初具规模。

次年，校长易凌支尼夫人，分设中学师范及幼稚师范，聘湖南高师毕业生舒新城主办师范，美国何女士任幼稚师范教席，又聘长沙李肖聃任国文教席。至此，学校益臻完善。至民国十三年(1924)，已多班毕业，毕业生除升入金陵女子、燕京等大学外，多服务于各教会学校。惟入斯校者，皆须信奉基督，故学生来源受到限制。

民国十七年(1928)，该校改由国人主办。

稻田师范的兴衰

杨淂琳

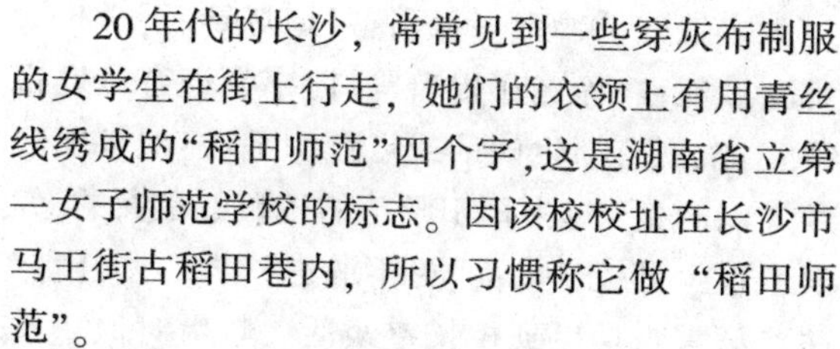
20年代的长沙，常常见到一些穿灰布制服的女学生在街上行走，她们的衣领上有用青丝线绣成的“稻田师范”四个字，这是湖南省立第一女子师范学校的标志。因该校校址在长沙市马王街古稻田巷内，所以习惯称它做“稻田师范”。

我于1922年秋开始就读于稻田师范，学校换过三个校长，记得第一个是省长赵恒惕的姨妹童锡桢，此人虽有留美学历，却缺乏办学能力，上任不久就被学生轰走了。第二个是黄惠君，任期也很短。第三位是徐特立，记得他是1925年2月到校的，1927年2月离开。他一到校便聘请一些知名人士来授课，如国文教师周世钊、小说翻译家李青崖、诗人吴芳吉、英文教师陈国梁、张仲伟，还有周谷城、鲁立刚、李相琼、夏开权、熊瑾玎等。他改变了封闭式的读死书的风气，在他和教师们言传身教下，学生都活跃起来，女师渐渐成为一所有革命朝气的学园。

徐老担任校长时，把学生的学习时间看得特别重要，片刻也不愿耽误。遇到教员请假，他都亲自代课，不管是什么课，也不管自己忙到什么程度，徐老常采用一种“诗教”的方法，针对学生的优缺点在黑板上写诗进行表扬和批评，态度诚恳，词句委婉，往往收到很好的教育效果。除了注意学生的学业和品德以外，他还特别关心她们的生活。气温有变化，他叫她们加减衣服；被子没有盖好、寝室的窗子没有关好，他必定为之盖好、关好。每天打过熄灯铃后，学生大都安然就寝，徐老还提着马灯，率领训育员巡视寝室，发现有学生谈话或点灯织毛衣，他都要轻声加以劝止。过去稻田师范的校长都是女的，但学生很少见校长的面，更不敢进校长的办公室。徐老却常叫学生到校长室谈话。学生对他毫不畏惧，只觉得他慈祥亲切，因此学生都叫他“外婆”或“徐家外婆”。

1927 年 5 月 21 日，湖南发生“马日事变”，许克祥反动军队冲进校内抓人，几十名学生惨遭杀害。

1938 年 11 月 12 日，长沙“文夕大火”，数千年历史文化古城毁于一旦，稻田女师的校舍亦化为灰烬，这所三湘名校就成为历史名词了。

任偑琨勤俭办学

周秉钧

任偑琨先生名邦柱，湖南汨罗人。他是 30 年代长沙有名的中学校长。他主持私立广益中学时，湖南举行高初中第一、二、三届毕业生统考，广益中学学生每每名列前茅，学校的名声因此大振。我在 30 年代有幸受到先生的教导，至今不能忘怀。

他当校长之前在湖南大学预科教书，薪俸较优。出任广益校长，自定月薪为四十元。在当时长沙中学校长中，他的薪金最低，竟不如某些大学助教待遇，还须兼课才能维持一家数口的生活。他不计较这些，把全部精力用在办学上。他早上六时即来到办公室，晚十时学生就寝后才回家。日夜操劳，寒暑无间。他患病开刀后在家疗养期间，还隔日来校主持校务。临终前几日，他还来校巡视，对师生说：“我的病难以治

愈,再不能到校工作了,望全体师生能体验先烈创校之艰难,务必发奋图强,把这种创业精神发扬光大!"师生闻之,无不肃然起敬。正是他这种忘我精神,使广益中学得以蒸蒸日上。

他注重选择教师,对教师很尊敬。他说:"教师传道授业解惑,如果得不到尊重,怎能认真教学?"因此他以上宾之礼对待教师,而且及时解决他们的困难。教师向学校借贷,他都乐于答应。有时学校无钱,还向钱庄支取,派人送到教师家中。因此很多教师宁愿放弃其他学校的优厚待遇,而来广益任教。他1936年逝世,郑际旦先生写的挽联说:"急友朋之难,于我尤亲,岁暮天寒,环堵萧然愁靖节;以学校为家,嗟君太苦,鞠躬尽瘁,一棺依旧是黔娄!""急友朋之难"五字,道出了他的亲师精神。正是他这种亲师精神招来了长沙的第一流师资,提高了教学质量。

他出任广益校长的时候,校舍遭到驻军的破坏,教学设备残破不全。校舍修复后,又连续发生两次火灾,损失很大。湖南省教育厅为此还减少了对广益的津贴,学校经费严重不足。在这样困难的情况下,他团结教师艰苦支持,亟需外界帮助。当时湖南省政府主席何键,抓住这一机会,托人示意,愿捐助银洋十万元,以换取广益中学校董会的董事长职位。广益中学的前身是惟一学堂,是禹之谟烈士创办的,有着悠久的革命传统。先生不愿让广益被军阀所玷污,毅然婉言谢绝了。这种坚持革命传统的精神令人钦敬。

皮名举教授嗜书成癖

皮崇伟

先叔父皮名举从小就爱读书，读得着迷时，外界的一切全不在他心上。祖母体弱多病，他替祖母煎药，也总是手不释卷，有时因此而将药烧焦了。

1935年他从美国获得博士学位归国，带回的除了给祖母治病的一斤西洋参，就是四大木箱图书。1936年，有一次他乘火车去广州，在车上只顾看书，到站下车时，才发现放在行李架上的手提箱被别人偷走了。

“七七”事变后，他从天津南开大学去昆明西南联大历史系任教。不久随历史系迁蒙自。抵蒙自后，他雇一辆手推车搬运行李，自己随车步行，手上提一个皮包，包内放有几本心爱的书。途中见一人摆地摊叫卖旧书，他便停下来随手拾取一本翻阅，等他猛想起行李车时，车已不知去向，他找了许久始终未找着，事后他还得意地说：“幸喜我这几本书没有放在那车子上。”在蒙自，某晚他去陈寅恪教授处长谈，回宿舍后发现挂在门背后的一件新呢大衣被盗。他连忙查看书桌、抽屉等处，知道藏书无恙，这才放心。

1942年，他由西南联大回湖南蓝田国立师范学院任教。火车到达衡阳站，忽然大雨倾盆。他提着几本心爱的书跑到避雨的地方站着，其他几件行李则丢在露天下，任凭雨淋水泡。婶母一个人拖也拖不动，喊他帮忙抬一抬，他却无动于衷。婶母气得直埋怨，他却说："那些东西淋坏了有什么要紧，不要就是了。我的书淋坏了怎么办？买都买不到！"

1959年他临终前还惦念着他的藏书，他对婶母说："我那些书籍和未能整理发表的西洋通史讲义，不要毁坏糟蹋了，捐赠给图书馆保存，还可供别人学习参考。"

敬乡合树百年人

周秉钧

湖南有两位著名的教育家和语言学家。一位是长沙杨树达，字遇夫；一位是益阳曾运乾，字星笠。1936年后，他们都在湖南大学任教，对湖南的语言学和教育事业，作出了卓越的成绩。

他们为什么都到湖南来呢？早些年，章太炎先生谓王介甫、王船山和王湘绮不明小学，又谓荆舒《字说》破坏小学，三王异世同术，荆舒，指王介甫。三王之中，湖南人居其二。曾、杨二先生读了这一评论，很有感慨。杨氏说："余昔在北京，曾与星笠谈及此事，余谓此时吾二人皆游于外，他日仍当归里教授，培植乡里后进，雪太炎所言之耻。”曾氏的感受则写在和杨先生的诗中，曾氏说："船山湘绮各孤军，异世荆舒风议新。折角要张三户楚，敬乡合树百年人。"折角是汉代朱云的故事。汉元帝时，朱云跟当时的显贵易经学家五鹿充宗辩论，连胜五鹿先生。当时儒生欢呼道："五鹿岳岳，朱云折其角！"折其角谓战胜了五鹿先生。曾氏诗中的折角，是说要像朱云一样勇于战斗。诗的大意是说，船山和湘绮先生都是孤军作战，遭到了"异世荆舒"这样的讽议。我们要奋起图强，发扬湘学，为家乡培植人才。上述事实，充分表明了二位先生振兴湘学、培养人才的宏愿。

1936年，曾氏应杨氏之约从广州回到长沙，与杨氏朝夕相处，同心合力为湖南培养人才。曾氏讲授音韵学、《尚书》，杨氏则教文字学、训诂学、《汉书》等课。十年之中，曾氏继《喻母古读考》之后，又写了《尚书正读》、《音韵学讲义》等书；杨氏写了《积微居小学述林》、《积微居甲文说》、《积微居金文说》等书。湘学从此受到了世人的重视，同时他们又培养出大批人才。后来有的成为语言学界的专家，有的成为教育界的名流。两位先生的宏愿终于实现了。

回忆英籍老师燕卜荪

刘重德

燕卜荪，英国之诗人兼批评家也，曾任北京大学、长沙临时大学、西南联大文学教授。他是我在临时大学和西南联大求学时的老师。

1937年，先生应北大之聘到北平讲学，适逢抗日战争爆发，乃随部分教授南下长沙，到北大、清华、南开三校合办之临时大学任教。文学院设在南岳山上，身处青山绿水之中，既可听松涛之作响，又能闻山泉之鸣唱，鸟语花香，环境幽美。但生活十分艰苦：一无图书资料，教师讲课，常凭记忆；二无宽敞宿舍，名教授、洋教授亦须同室挤住。先生为我们讲授莎士比亚戏剧专题课，对莎翁名剧，多能成诵。所写长诗《南岳之秋》对上述情况均有记载。例如，谈到住宿，他写道："这间宿舍有两张床，现住两位同事"；谈到讲课，说："为找线索，搜求着自己的记忆。"尽管如此，先生却不以为苦。茶余饭后，或饮酒赋诗，或演算数学(先生有演算数学难题爱好)，以消遣自娱。对中国胡琴，甚感兴趣，路过张景苍楼下，每驻足倾听，良久始去。

他个子高大，头发蓬松，带一副深度近视眼镜，虽穿西装，但不笔挺，着革履而不油光发亮。

不爱修饰，听任自然，俨然一副浪漫诗人的气派。

可惜在南岳好景不长，由于日机轰炸，临大被迫再次搬迁云南，改名西南联大。搬家前夕，诗人怀着依依不舍之情，在《南岳之秋》的诗里写道：

人们又在动了，我们也得上道。

……

我们在这里过了秋天。

1938年春，燕卜荪老师同大部分师生一道，经香港、越南辗转去西南联大。我们八百名战区、沦陷区学生，同闻一多等少数教授步行三千二百华里，跨越湘、黔、滇三省，也终于在当年5月到达目的地。文法学院在滇南蒙自上课，教师继续传道、授业、解惑，而我们这批饱经战乱风霜的所谓"流亡"学生，含辛茹苦，更加发愤读书。燕卜荪老师一如既往，在认真教课之余，或解题，或赋诗，或驻足倾听胡琴之演奏，或携酒独登蒙自之城头，自酌自饮，悠然自得，微醉方归，其乐趣不减当年在名山南岳。回忆这段经历，作为英国的学者、著名诗人燕卜荪竟然在战火纷飞年代乐于跟中国师生同甘共苦，维持教育于不坠，实属难能可贵。其音容笑貌，至今记忆犹新。

张天翼在民国学院

王石波

1941年秋，我刚进民国学院。一天我和二年级同学赵南华去看望张天翼老师。

“我读过您的《包氏父子》和《清明时节》。”第一次见到他，我不知道说什么好。

“你应当多读托尔斯泰和鲁迅的作品。”张先生回答道。谈话就这样开始。

当时张先生只有三十多岁，身材高大，没有留头发，清瘦的脸上，有着一双坚定、明亮的大眼睛，穿一件浅蓝竹布旧长衫和一双青布鞋。他的朴实和对待青年的热情与谦虚，至今还在我的记忆中留着深刻的印象。

从张先生那里出来后，南华告诉我，张先生刚来的时候，不少学生怀疑他不是那个发表过很多小说的作家张天翼。张先生知道后，并不生气，只是说：“张天翼有什么了不起，我干吗要冒他的名！”

张先生教《西洋文学史》和《小说戏剧选》。《小说戏剧选》是讲授中外名著。上课前，张先生告诉学生下次讲什么，要学生读作品，写发言稿。上课的时候，他一进教室就坐在学生的座位上。首先由学生发言，接着张先生作总结。学生的意见，对的或错误的，他都在总结中指出来，然后进行系统的、深入的分析讲解。这是我们最喜欢听的一门课，因为它不仅培养了我们的分析能力，同时他在讲解作品的时候，常常联系现实，评砭时政，加深了我们对当时不合理社会制度的认识。

1943年，张先生患了严重的肺结核，声音完全嘶哑了。微薄的薪资，使他无法负担医疗费。虽然他的哥哥、姐姐、姐夫在当时军政界担任重要职务，但他同他们很少联系。南华和我以及中文系的几个同学发起向全院学生募集医疗费，学院负责人知道后，警告我们说："你们个人送钱给张先生治病，学校不管，但不准向学生募捐。"不久，社会上也知道了张先生生病的消息，差不多每个星期他都收到从各地寄来的慰问信和捐款。捐款的有工人、学生和文化界人士。因此，张先生的病得到了治疗。1944年6月，日军攻占长沙，张先生离开民国学院，步行几个月，终于脱离沦陷区到达后方重庆。

忆先师刘宗向

王石波

先师刘宗向，字寅先，号盅园，湖南宁乡人，毕业于京师大学堂。尝事湘阴郭复初治经学，尤专意于史志。先后任教湖南高等师范、湖南大学、民国大学。遗著其嗣元吉正谋刊行世。

先生与高师师生文湘芷、蔡渔春等在长沙创立含光女子中学，数十年视校如家。以性清介，不任校长。1944年日军陷长沙，先生挈师生数十人迁校安化，屡濒绝粮，先生以在岳麓中学授课所得，悉资学校。虽备极艰苦，然未尝一日废教学。先生又常作短剧，使诸生于集市中演之，以激励民气。

先生笃于故旧。杨昌济之从女开英、罗庶丹之女书慎，自初中至高中，学膳费悉为先生所出。后书慎入湖南大学，犹屡寄书言治学方法，冀其有所树立。即非世谊，诸生中家境清寒者，如张万乔(现居美国)、刘君荃、龙文佩(现为复旦大学外语系教授)等亦如是。于龙生，顾恤且及其家。

骆鸿凯师尝语余曰："今世湘中，为古文辞得桐城义法者，惟刘先生。能制曲、度曲者，亦惟先生。"先生作《木屏记》传奇，述南明事。明太仆刘铎，以忤魏忠贤死西市，其女淑，字木屏，方七岁。母萧氏，教以父书，工诗文，并通兵法及剑术。年二十适宁夏巡抚王振奇子霭。逾年霭殁。思宗死国，淑尝恨不为男子，以赴时危。及南都覆，清军逼湖南，淑散家资，募士卒千余人，助湖广总督何腾蛟抗清。腾蛟部将张先璧欲纳淑，淑以死拒。先璧知不可屈。释归后，立散部曲，侍母流寓湘潭以终。陈天倪师曾题《金缕曲》词，结句云:“博得千秋才子泪,采遗文,插入芝龛部。表孝烈,扬忠武。”以拟董榕之《芝龛记》。刘淑生平行事,史志或阙或简。先生搜摭遗文,作《木屏传》及此剧。事固可传,词亦足以传之。

长沙清华高中的学校剧

金　式

长沙清华高级中学，是抗日战争胜利后创办的。它继承“五四”和“一·二九”的光荣传统，不但教师素质高,学生成绩好,而且文艺活动频繁,体现了鲜明的革命性和战斗性。北大毕业的“一二九”斗士施无己老师,在课堂上讲授鲁迅、田汉、老舍、赵树理……的作品;在排练场上,则辅导同学们扭陕北大秧歌和教演《兄妹开荒》。来自演剧四队的宋杨老师,是《古怪歌》、《读书郎》、《苦命的苗家》的作者,著名作曲家,他配合教学和历次民主运动,创作了《民国的怪事情》、《一根竹竿容易弯》、《金圆券与袁大头》等歌曲和活报剧,讽刺辛辣,传播甚广。

当时我在该校就读。1948 年冬,为救助被国民党军裹胁、流落在蓝田镇(今涟源县)的东北学生,长沙学界开展了募捐活动。我校演出了独幕剧《是谁之罪》,描写东北的老百姓,刚结束十几年的沦陷之苦,又被卷入内战的深渊,青年被

迫去当炮灰，儿童被国民党飞机炸死，当祖父抱起孙儿的尸体呼天抢地喊出“这是谁造的罪孽啊”时，全场为之动容。主持大会的刘正学长激动地发表演讲，谴责国民党迫害人民的暴行，观众感动得热泪盈眶，一面纷纷捐赠钱物，一面拥向舞台，祝贺演出成功。

最有意义的是一次祝寿演出。1948 年冬，国民党假惺惺地表示要“尊重民意，起用社会贤达”，请清华大学梅贻琦校长出任政府要职。为了支持梅校长抵制国民党的笼络，我校选排了张骏祥的名作《万世师表》。该剧通过对林桐教授不受威胁利诱，保持高风亮节的歌颂，揭露国民党的伪善，唤醒人们不要上当。国民党省、市党部不准长沙市新闻会堂和青年会向我们提供演出场所。教导主任旷璧城老师以其令德崇誉，借到了地下党领导的省第四育幼院礼堂，使演出得以在梅贻琦校长寿诞时如期举行。我们将此事函告梅校长，他复信表示感谢。后来他凛然拒绝了国民党政府的威胁利诱，表现了一位学者、教育家的崇高节操。

药石之言

林从龙

1949 年 5 月，我毕业于长沙妙高峰中学。当时，长沙尚待解放，我们正在迎接胜利的曙光。我的语文老师周世钊先生在毕业纪念册上，为我写了一篇临别赠言，其中有这么一段："今世学子，类多务夸诞，习纵逸；又或志在温饱，勇于奔竞，即小有所成，亦止于享逸乐于一身，弋浮名于俄顷，不足取也。余知君必能远大自期，进修是急，而卓然超越于流俗之外，进而以其学，发为文章，为劳苦群众，写其疴痛，鸣其烦冤，导一世于光明，致斯人于康乐。"8月5日，长沙和平解放，在周先生的勉励下，我随即考入中南军政大学。现在虽然时隔四十一年，周先生这些关于做人、治学的药石之言，读起来仍然是那样亲切，那样有针对性，可以催人警醒，促人奋发。

周先生，字淳元，一字东园，湖南宁乡人，生于1897年，曾与毛泽东同志在湖南第一师范同学。解放后，周先生历任湖南省教育厅副厅长、副省长，有《周世钊诗词遗稿存》。1976年病逝。

浏阳文庙古乐

柳铁城

浏阳文庙始建，迄今已七百余年。清道光九年(1829)拓址扩建更具规模。当时本籍沈履正重主县政，筹集田租二千多担，建礼乐局，礼聘邱之稑掌教，培养乐舞生。邱别号谷士，县西太平乡人，精通吕律，深谙礼典，曾访曲阜研究古曲，从事古乐改编，在弘扬民族文化和乐教方面，奉献毕生精力，成绩斐然。

古乐器合匏、土、革、木、石、金、丝、竹八音，亦称雅乐。邱着手整理时，发现原存乐器八音不全，乃自种匏瓜，制成匏埙。凤箫用竹制，原器十六管吕律不谐，邱校正后创制二十四管凤箫，并另制二十四支铜管，作诸器定音之用(定音管遗失，解放后幸挖掘出土，存省博物馆)。邱改编乐谱，增用半音符和休止符，适当运用切分音，破曲阜古曲平淡徐缓的节奏，丰富了乐曲的变化，旋律抑扬动听。清末时，曾国藩向苏、皖省推介，黑、滇各省均相继派人来浏学习，曲阜亦采用浏曲。1930年日本音乐家田边尚雄来访后撰《中国音乐史》，推介邱著《律音汇考》为必读之作，给予极高评价。解放后，中央民族音乐研究所研究员冯吟轩曾出国考察，言日本古祭乐大都同于浏曲，东南亚诸国亦然。

1944年，日寇入侵湖南，浏阳沦陷，日酋拟藉浏阳古乐宣传“东亚共荣”，粉饰暴行，嘱伪县维持会长宋寿梅组织表演。当时县礼乐传习所掌教唐劭华坚持民族气节，携学生避居西乡韩家港，宋专程访唐敦请，唐声言：“古乐是中华民族高雅之乐，雅乐有三不奏：一、不奏哀愤之乐；二、不奏屈膝之乐；三、不奏人员不齐之乐。正当国殇期间，民众饱受摧残，愤懑填膺，怎能屈膝媚敌？”一席话，义正辞严，宋悄然返去。敌酋催逼，宋再来邀请，并且以优惠条件为诱饵，唐劭华不为所动。随后，唐召集学生分藏乐器，各自避走，敌伪阴谋未逞。乐师们的爱国正义行动，振奋乡里，传为美谈。

1951年，县文化馆将文庙古乐进行了初步整理。1962年中央文化部指示，保护祖国文化瑰

宝，刻不容缓，省博物馆拨专款请浏阳县潘信之、刘葡仙、彭传彭等专家着手加工、校音、添制。历时两年，完成古乐器百余件，存省博物馆珍藏。当年的乐师均已逝世，这一文化瑰宝急需抢救和继承。

常德老丝弦

文忛萱

丝弦，是流布在湖南各地的一个曲艺品种，因以胡琴、扬琴、琵琶等丝弦乐器伴奏，所以被称作丝弦。常德一带，习称老丝弦，是湖南丝弦中保留曲目、曲牌最多，最有特色的一种。

常德老丝弦是一种比较古老的民间说唱，形成于明末清初，发展到清代中叶至清末民初，曾盛极一时。由于丝弦曲调优美，不仅广大劳动人民喜爱，也吸引了一批文化人参与演唱。在城市，逐渐形成固定的传习、演唱组织，如清道光年间的澧县丝弦学馆，咸丰、同治年间大庸的庸城琴社。民间的班、社更为普遍，甚至妓女也学唱丝弦侑酒，风靡一时。

老丝弦是一种聚众清唱的演唱形式。比一般民间曲艺演唱人数多些，原因是伴奏乐器多，其次是可以几人按故事中不同人物分别对唱。因为有文化人参加，不仅对曲调的丰富、演唱、伴奏技巧的提高起了一定的作用，而且使唱词的文学性也有较大的提高。像《宝玉哭灵》、《黛玉葬花》等曲目,已趋向典雅。

老丝弦的曲目有长篇、中篇、短篇之分。《葬花》、《哭灵》就属于短篇。中篇则为可唱几小时的完整故事，如《秦雪梅》、《梁山伯与祝英台》等。长篇为连续性故事,如《二度梅》、《昭君和番》之类。

民国以来,京剧进入湖南后风行一时,加之歌曲的普及，老丝弦逐渐衰落，特别是抗战期间,丝弦馆、社解体,艺人流散,技艺精湛的老艺人所剩无几。常德的徐梅清、桃源的李玉成、澧县的李授万等,成为仅有的后继者。

新中国成立后,人民政府对民间曲艺重视、扶持、改革,老丝弦薪尽火传,重放光彩。而且试用来演唱新人新事新风俗，其中描写军民鱼水情的《追针》已成为全国传唱的新曲目。

衡阳渔鼓

易　宣

衡阳渔鼓,也称“道情”。清初,王夫之(船山)定居衡阳石船山,他对当地流行的这种民间曲艺十分欣赏,在《船山遗书》中称之为“愚鼓”,自己也写过几十首《愚鼓词》,他的诗中亦有“凄凉愚鼓背人敲"之句。可见渔鼓在明代已形成，到明末清初已在衡阳地区广泛流行了。

渔鼓表演形式比较简单，一人独唱，自敲渔鼓筒伴奏，这种一板一槌的演唱形式几百年间无甚变化。它吸引人之处在于曲目的丰富、更新和演唱技巧的卓越。渔鼓艺人多无文化，曲目靠口传心记，但大多只记基本结构和前辈创作的段子，演唱时临场发挥。有艺术才能而又有演唱经验丰富的艺人，常常不断提高自己常唱的曲目，日积月累，便形成若干艺术价值高的传统段子。少数略有文化的艺人，可以阅读旧小说和唱本，增加新的曲目。

衡阳渔鼓自清代中叶以来，已逐步有固定的演出场所。由于从业人员较多，也有了自己的行会组织——果老八仙会，他们祀八洞神仙中的张果老为祖师。到清末民初，曲目向长篇连续演唱发展，最长的曲目《济公传》，共达四百多回，可以连续演唱一年之久。

新中国成立后，渔鼓是最容易反映现实生活的一种说唱形式，为一些专业、业余的文工团、宣传队所吸取，用以宣传政策，歌颂新人新事。专业的民间艺人，也纷纷加说新书如《林海雪原》之类。

我与电影明星王人美

黄时莫 文　田　戈 整理

曾有一代歌王、一代明星之称的王人美，祖籍浏阳，出生于1915年。她幼年时，在黎锦晖办的明月歌舞团求师学艺，从此开始了她毕生从事艺术的生涯，尤其在电影界享有盛誉。她唱的《渔光曲》、《新婚燕尔》、《桃花江》等百多种唱片和拍演的多部影片，至今犹为人们所追忆。

我与王人美最初相识是在长沙，那时她才进小学。其姐王明夏、王雪华和我姐姐在稻田女师是同班同学，她常随其姐来我家玩，很调皮，我们都喜欢叫她"细细"。她的父亲王正枢，号立庵，在长沙第一师范任教，毛泽东、周世钊和其二哥王人路都是立庵先生的学生。1918年暑期，毛泽东回湘潭度假，就住在王家。当时王人美只有几岁，毛泽东常带她上街游玩。

1931年，我大学毕业，在上海交通大学工作。我妻子也是浏阳人，她和王人美既是同乡又是同班同学。王人美在明月歌舞团学艺深造后，和黎明晖、黎莉莉、黎明健(即于立群，郭沫若夫人)都成了明月歌舞团台柱。随后她在上海联华电影公司当演员，就住在我们对门法租界海格路底，两家时常来往。记得有一次交大开晚会，

我邀她和黎明晖参加。她唱了一曲《渔光曲》,黎唱了一曲《可怜的秋香》,她们的演唱博得全场观众的热烈掌声。是年,王人美主演电影《野玫瑰》初露头角,接着主演《芭蕉叶》和《都会的早晨》。她与韩兰根合演的《渔光曲》一鸣惊人,获得了第一届国际电影节金牌奖,这是中国艺术界在解放前仅有的一次国际金牌奖。她在片中演唱的《渔光曲》脍炙人口,传唱至今。

解放后,王人美先在上海,后调北京电影制片厂工作。毛泽东曾与她会面,关怀备至地询问了她全家的生活和工作情况,以后彼此也有接触。1973 年,我到北京去看望她,当时她很寂寞。临走时,她送给我一个亲自织的尼龙茶杯套。我一直保存至今。睹物思人,常常引起我对她的深切怀念。

黄元和办湘剧坤班

何应谱

旧社会"戏子"属下九流,女"戏子"更是被人歧视。为了发展湘剧艺术,保护妇女从业的神圣权利,树立男女同台的新风尚,民国十年(1921),黄元和先生毅然创办了福禄坤班,精心培养女演员。

元和先生是我的岳父,生于清光绪十六年

(1890),湘剧老科班三元班出身。福禄坤班创办后,他亲自坐科执教,但遇到的困难比办男科班更多。经济上要向湘剧爱好者苦苦求助;生活上要像父母般的照料;教学上缺师资、少道具,设备简陋。元和先生艺术造诣高,又有一种艰苦创业、诲人不倦的精神。科班是分行负责的,有的老师对于不归自己培养的学员不大关心,而他对所有学员都一样爱护,认真指点。他团结同事,以教学为乐,以勤俭为本。经过他们呕心沥血的培育,福禄坤班收到了明显的成效,实习演出时获得社会上的好评,有的学员的演唱由百代公司灌制了唱片。

女"戏子"唱戏的消息传开后,遭到保守派多方阻挠和破坏,有些社会舆论谴责这种做法违背了旧道德,有钱有势者亵渎欺侮女演员。元和先生满身正气,勇敢地跟恶势力作斗争。一次,女演员在外码头演戏,受到流氓地痞欺侮,他立即带领几名徒弟前去护卫,遏制了歹徒们的嚣张气焰。

元和先生办完福禄坤班后,又办了福寿、福如等坤班。湘剧女演员大半出其门下,其中著名的有彭福娥、龙福凤、张福梅、杨福鹏等。元和先生独具慧眼,在这方面率先倡导,从而为湘剧的发展作出了不可磨灭的贡献。

戏状元

一凡

咸丰年间,辰溪县杨梅乡以出艺人著称,其中又以向家最突出。向光前就是一位演唱辰河戏的名艺人,他的儿子向梅峰更是有名的旦角。父子两代唱戏的经历,使向梅峰深感艺人社会地位之低下,因而决心改换门庭,让五个儿子都去读书。只有十岁的小儿子代健不以为然,他说:秀才算什么,我要点“状元”,做“宰相”,当“皇帝”。从此,向代健不再跟哥哥读书,而随父在戏班学戏。

向代健性格倔强,他学小生,阳刚之气有余,儒雅之气不足。有一次他演《抢伞》,与他配戏的旦角由他父亲饰演。戏中有个相抱一吻的动作,面对着父亲,他吓得忘了,观众立即喝倒彩,把烂草鞋丢到台上。向代健一气之下,不再演小生,改唱生角。先学几出火爆戏,正对了他那一身刚气的路子,出场便一鸣惊人。从此他就唱须生了。

通过学艺的挫折,向代健体会到唱戏也不容易。因此他刻苦钻研,而且四处求师访友,切磋技艺。当时的辰河戏只有高腔,没有弹腔(皮黄),所有唱弹腔戏的都是由常德、荆河一带艺人来搭班，可观众又极喜爱弹腔戏。向代健于是狠下苦功学弹腔戏。几年苦学，向代健便成了辰河班高腔、弹腔都擅长的一代名角，在湘西几乎无人不知，成了名符其实的戏状元。

向代健在观众中声誉日高，他对观众也更加尊重。民国二十七年(1938)冬，向已病重，听说观众想看他的戏，便不顾劝阻，坚持上台唱了一出老生高腔重头戏《琵琶上路》，唱得声情并茂。观众被唱哭了，台上台下，哭成一片。这是向代健最后一场演出，13 天后，他就溘然长逝。

绝　唱

文帆萱

祁剧女演员花中喜，是 40 年代著名的旦角，不但戏唱得好，人也长得俊秀。虽然当时女艺人社会地位低下，她却自重自爱，做到了老老实实唱戏、清清白白做人。1947 年她在邵阳慈善剧院唱戏，被当地的“土皇帝”——陆军某师师长陈光中看上。过了几天，陈便请她到家中唱堂会。戏完之后，陈明确地告诉她要收她作五姨太。花中喜开始是婉言辞谢，后来便严辞拒绝，陈还在纠缠不休，甚至动手动脚，花中喜拚命抵抗，恰好被陈的四姨太撞见，四姨太大吵大闹，花中喜才得趁机逃出陈家。不久，陈又叫副官到花中喜家向她父母提亲,并声言要第三天交人。当时,陈光中在邵阳是飞扬跋扈、说一不二的大恶霸。花中喜一家知道大祸临头,她自己也悲愤万分,整夜痛哭。第二天,她却安定下来,照常到戏院演出。第三天,最后期限已到。当天日场戏是《罗通扫北》,她在剧中扮演陀萝公主。陈光中逼娶的事,很多人都知道,观众怕从此再也看不到她的戏,所以上座率很高。戏班同事,有的狐疑,有的同情,却谁也不敢过问。花中喜在后台格外精心化装,不理会同事们各种不同的眼光和神色。出场后,她演得特别好,观众齐声喝彩,同事们也说从来没见她唱得这么好。在一片称赞、议论声中,她平静地卸了装。离开剧场后,便投身在高庙潭中(今双清公园内)。另一说是投江而死。

"质本洁来还洁去",一代名优,就是这样以宁为玉碎的决心与恶势力抗争的。

程潜批准上演《丽人行》

金　式

1946 至 1947 年,抗敌演剧四、六队先后回到阔别多年的长沙,在教育会坪和原何键公馆(现湘江宾馆)礼堂连续演出歌舞和《原野》、《日出》、《夜店》等话剧。特别是在联华剧院(现湖南剧院）演出的《丽人行》，对正在争民主、迎解放的长沙人民起到了振聋发聩、鼓舞斗志的作用。《丽》剧是戏剧大师田汉愤世斥敌的力作，取材于当时国统区的两大事件：北大女生沈崇被美军皮尔逊强奸，但国民党政府竟包庇、纵容罪犯，让其逍遥法外，回了美国；另一件是国民党宪警在上海滩屠杀摊贩，造成血案。田汉将此两者揉成一个故事，描写沦陷期间三个女性的不同遭际，藉以愤慨同胞之受辱，控诉侵略者之残暴，抨击政府之窳败，最后将脉络归纳到寄希望于革命力量的领导，争取全民族解放的主题上来。

但国民党当局却对《丽人行》的演出横加干涉，先是由省政府新闻处出面索阅剧本，旋即以“其中言词激烈，有煽动民心之嫌”为辞，禁止演出。经演剧四队演出委员会据理力争，并得到中共地下党领导的长沙新闻界革命和进步力量如《晚晚报》、《实践晚报》、《民主报》的支持和声援，新闻处虽不敢再硬性禁演，仍以劝说、暗示的软手段，要四队改换剧目，否则“恕难保障安全”。

正当双方僵持之际，程潜竞选副总统失败，愤然辞去武汉行辕主任之职，回湘主政。在其出任省主席的就职宣言中，表示要“革故鼎新，实行民主治湘”。中共地下长沙市工委针对程潜的上述表态，通过新闻、文化界的地下党组织，运用进步报刊，强烈呼吁实施程潜宣布的政纲，保证思想、言论和集会自由。并明确指出：对待《丽》剧的态度，是检验程潜施政诺言的试金石。程为了弥补竞选中的挫折，以赢得民心，加上演剧四、六队原是他武汉行辕属下的剧团，正可为自己树立形象、稳定局面和扩大影响，于是慨然亲谕新闻处处长刘伯谦，顺应民心，批准《丽人行》上演。

演剧四队的同志们以高昂的热情复排《丽》剧，由张客执导，葛华、舒模、李超、石岩、康庄等分饰重要角色。演出获得极大的成功。正如一篇剧评所说的："与其说是对着舞台在看戏，不如说是对着一面光鉴照人的大镜子——这面镜子上映着作者田汉的自述诗：举世争和战，全民迫死生。愿将忧国泪，来演《丽人行》。"

南方故宫南岳庙

康佩仁

南岳衡山是中国五岳之一，南岳庙位于衡山赤帝峰下。南岳庙创建于唐开元十三年(725)。唐代是我国建筑艺术的鼎盛时期，当时的南岳庙就是按“王者之居”的标准兴建的。唐代以后，历经6次大火，17次重修，现在的南岳庙是清光绪八年(1882)在原有基础上重建的。整个庙宇前后九进，占地98500平方米，是我国南方规模最大、保存最完善的寺庙建筑群，有“南方故宫”之誉。春夏之季，山上烟云流涌山麓，南岳庙俨如天上宫阙，更富神奇色彩。

南岳庙的主体建筑正殿，为重檐歇山顶式建筑，殿高35.3米，屹立在高2米，面积2300平方米的花岗岩砌成的平台上。殿宇由72根大石柱支撑，象征南岳72峰，每柱高6米，重达28000余斤。正门2柱乃整石凿成。殿周栏杆由126根花岗岩雕石柱连接144块汉白玉浮雕组成。巨大的木雕游龙，支撑着殿宇翘角，伸向蓝天。殿角铜铃，风劲回响。殿脊两边，各插一把300百多斤的青铜剑，映日生辉，传说是镇岳之宝。殿前和两侧，无论雀替、拱斗、梁木，全是雕刻而成，题材有神话人物、民族英雄、二十四孝。后门五条浮雕石龙围绕，象征“五龙捧圣”。殿后高檐照壁，由巨幅泥塑丹凤朝阳和双龙献珠装点。整个殿宇装饰，有八百条形态各异的龙，取义于“八百蛟龙护南岳”。殿内正中3米多高的汉白玉雕花台上，置着一尊5.6米高的南岳圣帝坐像，两侧2米多高的花岗岩石台上，立着一慈一威身高7.3米的执金吾将军。殿内梁木上装饰着巨型木雕凤凰和十二生肖形象。南岳庙的石雕、泥塑是南岳建筑装饰艺术的精华，也是湖湘文化宝库中的一朵奇葩。南岳庙建筑群中的其他建筑，既与正殿协调，又各有特色。如奎星阁是座花园式院落，翠柏繁阴，奇花争艳，清池映月，曲径通幽，每年庙会，艺人荟萃，登台献艺，是湖南最大的古戏台。

南岳庙内“三家同院”，中轴线上为宫殿式建筑，供奉“南岳衡山之神”，礼祀取皇家之仪；

西侧为八寺组成的佛教寺宇建筑；东侧为八观组成的道观建筑。一院之内三种建筑形式，三种供奉之神，三种不同形式的祭祀活动，儒、释、道三种信仰和谐地共存一庙之内。这种形式，始于明代，盛于清朝，沿袭至今，这是南岳庙千多年来“佛道同居”的遗风，体现了中华民族讲求平等、团结的美德。

炎帝陵

微雨

炎帝陵位于湖南南部偏远的酃县石塘乡鹿原坡，距县城十九公里。陵址高踞坡上，古木苍翠，郁郁葱葱，洣水绕陵前奔腾北去。相传炎帝神农氏晚年，不忘为民治病，采药来到湖南南部，因误尝毒草，殁后葬于此地。一说炎帝于中原被黄帝打败，率众部落南迁，开发南方。死后葬于该地。

炎帝陵整个建筑气势雄伟，庄严肃穆。第一进为午门，红墙黄瓦，檐牙翘首，斗拱高悬。门内有丹墀，左右两廊为碑房，藏历代祭文碑，惜保留者不多。第二进为行礼亭，左右联云：“制耒耜奠工农基础，尝百草开医药先河。”陈云同志手题横匾：“炎黄子孙，不忘始祖。”第三进为正殿，供神农坐像，上题“齐天鼻祖”，两旁撰联：“名垂宇宙，恩泽神州。”神农像庄重朴实，睿智安详，器宇开豁，摆脱了一般神像的旧套，突出体现了立农业、创医药的中华鼻祖的气质和风范。第四进为墓碑亭。第五进为炎帝陵寝，周围苍松掩映，翠竹成林，气象萧森，令人肃然起敬。陵侧有“丰怡亭”，耸立洣水高岸处，远眺青山如黛，俯视绿水长流，象征着中华民族繁衍生息，源远流长。

炎帝陵的记载，最早见于晋皇甫谧《帝王世纪》。宋罗泌《路史》载：炎帝“崩葬长沙茶乡之尾”，即今酃县。宋太祖乾德四年(966)开始建庙奉祀，千多年来除元朝未见记载外，历代钦祀不衰，虽迭次毁于兵燹或年久失修，后来终归修葺或重建。解放前，炎帝陵已破败不堪。1954年，因香客不慎失火，主殿等全部被焚。剩下朝房、碑房、午门以及围墙等，也在十年浩劫中全部遭到破坏。1985年12月经湖南省人民政府批准拨专款重修，次年7月动工。现在炎帝陵已重建一新，炎黄子孙包括海外后裔前来拜谒者日益增多。元代诗人江存礼谒炎帝陵诗云“长兹金碧重门启，来酌椒浆日有人”，期望和相信炎黄后代，将永远不忘始祖，奉祀不绝。

千年学府岳麓书院

龚业隆

从长沙市岳麓山下的自卑亭，行数百步，即达岳麓书院。书院地处青枫峡出口，面临碧波粼粼的湘江，环境清幽，风景绝佳。

岳麓书院是我国古代四大书院之一，迄今已有1017年历史。早在书院创立之前，唐末五代即有寺僧智璇等在此办学，开辟了一个优美的读书环境。北宋潭州太守朱洞于宋太宗太平兴国元年(976)正式创建岳麓书院。大中祥符八年(1015)宋真宗召见山长(院长)周武，赐书"岳麓书院"匾额，从此书院名闻天下。现匾额置于二门上方，门联为"惟楚有才；于斯为盛"。南宋时，著名理学家、教育家张栻主持教事，著名理学家朱熹两次来院讲学，生徒千人，为书院的鼎盛时期。

岳麓书院素称人才荟萃之地，历代任山长的达五十余人，均为硕儒名流。罗典、欧阳厚皆掌教二十七年，时间最长。最后一任山长为王先谦，光绪二十年(1894)起在任十年，造士甚众，学术成就巨大。

岳麓书院数度毁于兵火，多次修复。清初重建后，康熙二十六年(1687)，圣祖玄烨御赐"学

达性天”匾额，并赐十三经、二十一史，建御书楼，辟文昌阁。乾隆三十九年(1774)，高宗弘历赐“道南正脉”匾额。两匾现均悬讲堂正中。讲堂左右两壁有朱熹于宋乾道三年(1167)来院讲学时手书的“忠孝廉节”四字，分刻在四块大石碑上，嵌于内壁，碑高过人，书法雄伟遒劲。清御史欧阳正焕所书“整齐严肃”分别刻在四块巨碑上，嵌在讲堂外壁，与朱熹手书形成一个整体。

千多年来，岳麓书院培育了大量人才，著名学子有王船山、陶澍、魏源、曾国藩、曾国荃、左宗棠、郭嵩焘、唐才常、黄兴、蔡锷、陈天华、仇亮、杨树达、程潜、方鼎英等，难以尽述。

浏阳文庙

柳铁城

浏阳文庙是我省保存最好的文庙之一。南宋嘉定元年(1208)，浏阳县始建学宫于东门外红狮桥，经元代至明弘治末年(1505)，椽檩圮毁，乃迁城西(现才常路)重建。清代尊孔崇儒，道光九年(1829)，县令沈履正集资白银四万一千四百两，在城东磨石街(现圭斋路)拓址兴建文庙，历时两年竣工。孰料越十数春秋，白蚁蛀蚀梁柱，继任县宰杜晓平延请邱之稑为主修，重订扩建规划，再次进行维修。原正殿后偏东设圣殿祀至圣双亲，改迁庙东另建崇圣祠，正殿扩建为大成殿，祀孔子及亚圣孟轲、曾参、颜回、冉伯牛牌位。大成殿坐北，背倚余家山，山凹处建魁文阁，防阻北风直袭，阁上层为魁星楼，下层为文昌府。

文庙占地二十余亩，四周红墙围绕，壮丽肃穆，气势轩昂。历代科举中，浏县文运昌盛，举进士者不乏其人，榜眼、探花有之，惟缺状元及第，因之学宫正向仍不能开中门，只能建一道照壁，而以侧向东西辕门为出入通道。中间照壁上，横书“万仞宫墙”四个触目大字。文山高不可攀，孔学博大精深，由斯可见。

从辕门进学宫，中间为泮池，过金水桥，迎面耸立石坊曰檽星门，随登七级台阶，入大成门后，左右为钟鼓楼。清嘉庆二十五年(1820)所植两株罗汉松，耸立两侧，郁郁葱葱，宛如华盖。两廊东西府祀贤人，沿中间甬道行七十二步，登石阶九级，上大成殿，石阶中间嵌汉白玉陛阶石，饰以龙纹浮雕，龙首昂扬，体态翻腾，工艺精湛，造型生动。

大成殿前宽敞处为露台，台沿围以白石栏杆，两边建乐舞亭，台中为奏乐献礼处。大成殿高五丈余，飞檐斗拱，画栋雕梁，琉璃彩瓦，青花瓷屋脊。二十四扇描金雕花屏门排开，庄严稳重，古朴典雅。殿门两侧挂着两幅木刻镏金对联，其一曰：“令备四时与天地日月鬼神合其德；教垂万世继尧舜禹汤文武作之师。”三十二根方形石柱高耸承托殿堂梁桁顶盖，气势昂然。殿后御碑亭，有历代帝王御墨勒石。文庙规模宏伟冠三湘，江南亦鲜见。解放后，浏阳文庙定为省级重点文物保护单位，拨专款将乐舞亭、钟鼓楼、大成殿重为修葺。

曾国藩故居

唐诗戡

曾国藩的故居共有三处，都在今湖南省双峰县荷叶乡，原属湘乡县荷塘二十四都。

清嘉庆十六年(1811)农历十月十一日，曾国藩在高楣山（当地叫刀面山）下的白杨坪出生。道光年间，他父亲竹亭和叔父高轩析居，白杨坪分归高轩，后称白玉堂；竹亭分在腰里，后称黄金堂。这两处原都是旧式普通民房。

同治四年(1865)，曾国藩自江宁移驻徐州，遣眷回籍。欧阳夫人以黄金堂屋小人众，雅不乐意。曾国藩遂嘱咐其四弟国潢、九弟国荃代觅住处，国荃即将所管富甸田屋用半兑半送的方式让给长兄。国潢又为兴工改建，曾国藩以花钱太多(七千余串)，奢靡过甚，对国潢大加诘责。

同治十一年(1872)农历二月初四日，曾国藩卒于两江总督任所，遗俸银二万两。其子纪泽仿明、清侯府规制，将富甸重新改建，取汉书功臣表中“富厚如之”的话定名富厚堂，并在头门上悬挂“毅勇侯第”的朱地金字匾。

富厚堂北距双峰县城38公里，群山环抱，风景幽雅。占地面积四万多平米，周绕围墙，分东西两门出入。头门呈八字形，建在月台坪正中。上有戏楼，两旁有厢房、轿厅，旧称回照房。

由头门到正屋，沿石级登走廊，排立石柱八根。走廊尽处，南有求阙斋，北有艺芳馆，互为对称。正屋有三门三厅：入中门，为八本堂；左右两门入南厅、北厅。厅与厅之间，有许多斋舍，别立名称。求阙斋侧有缉园，上有思云馆。山顶，有小棋亭和鸟雀楼。艺芳馆侧有花厅。

富厚堂以藏书丰富闻名全国。宅两边各有三层书楼，南楼分公记、朴记两馆；北楼称芳记馆。各馆藏书，不乏珍本。公记专藏曾国藩的书，以地方志居多。朴记专藏曾纪泽的书，以英、法文原版居多。芳记专藏曾纪鸿和郭艺芳的书，凡天文、算术、医相、星卜、小说之属，无不具备。总计三馆共藏书三十余万册，字画近千幅，牙签满架，置专人保管。富厚堂后为神堂，有同治帝书写的“身高柱石”横匾。新中国成立后，曾家的全部图书由湖南省图书馆接收，曾氏父子的手稿大部分由其后裔约农带往台湾。

板仓英烈之家

伏家芬

杨开慧烈士的故居,在长沙东乡板仓,原名“杨家下屋”,以别于聚族而居的杨家老屋。其祖父书樵公,清末宿儒,始迁其家于下屋,开馆授徒。

故居门前原有一口池塘,香樟翠柏,交相掩荫。周围有菜畦,后山有篁竹。大门的白粉壁上有楹联曰“忠厚传家久,诗书继世长”,魏碑体,黑字,相传为书樵公手泽。我是板仓杨氏外孙,童年在这里度过,犹及亲见。

故居有围墙,倚山面圃而筑。围墙之内有三进两厢房屋,前有地坪,后有水井。烈士的父亲杨怀中家教甚严,督家人儿女经常保持房舍整洁。他常说:“家中之最不整洁者,莫如以此房之物杂之彼房,以成数之物分之数处。箱柜之中衣杂,书柜之上书杂,房屋之中桌椅杂,桌椅之上诸器杂,地坪之中农器杂,柴草杂,而家乃非家矣!”(见《达化斋日记》)

故居的简朴房间,诞生过三位烈士:杨开慧及其堂弟杨开明、侄女杨展;当地群众称为“一门三烈”,毛泽东同志在早年革命时期,曾多次到板仓找农民开座谈会,故居的泥土小径,印记着他的足迹。

故居的围墙，曾拆毁过一段，因为1930年正月，原湘赣边区特委书记杨开明，被国民党反动派以“与共魁毛泽东为郎舅”、“依朱毛于井冈山”的罪名，横加杀害，按乡俗，屈死者的遗体，不能从正门抬进屋，好心的乡邻只好拆了一段围墙抬进去，料理完丧事，才将围墙修复。

故居为土木结构，墙壁用土砖砌成。百年老屋，时有倾圮之虞。解放后，政府拨款修葺，曾两次在拆墙时发现开慧烈士就义前的遗书。其中《偶感》五首，写于1928年10月，中有句云：“念我远方人，复及数良朋，心怀长郁郁，何日复重逢？”“恨无双飞翮，飞去见兹人；兹人不得见，惆怅无已时。”对毛主席及杨开明等亲人，缠绵悱恻，一往情深。

故居经多次修葺后，现辟有展览室、纪念馆。纪念馆前的棉花坡山冈上建有烈士陵园，1990年，群众集资为开慧烈士立了汉白玉雕像一尊，以资瞻仰。

天心阁与午炮

周翰陶

长沙天心阁在旧城东南隅的古城墙上，阁内供奉文昌帝君与奎星像。这阁原是我国古代

书院文化中的一个组成部分。清道光元年(1821),城南书院迁回故址妙高峰,天心阁则被保留下来,于是它由原来一个专供祭祀天上神明的严肃之地,一下子变成"察灾祥、时游观"的场所了。楼阁的墙上、柱上,佳联荟萃,如"四面云山都入眼,万家烟火总关心",曾传诵一时。

1916年秋,在天心阁楼右侧建了一个午炮亭。从此,每天正午鸣炮三响,以第三响作为全长沙城统一的计时标准。炮系黄铜铸造,身高80厘米左右,身长100厘米左右,炮口15厘米左右,造型美观,筑亭遮护,以利操作。笔者1946年曾亲睹放炮。这午炮也不很准时正点,时有点火未鸣的哑炮,或因操作者技术不熟练,故午炮声时有时无。

校时午炮虽未能尽其职能,却为游人增加了一处观赏的景点。人们喜欢抚摸炮身,顽童更是将炮身当作坐骑,日复一日,年复一年,炮身就愈加金光锃亮了。

解放前夕,长沙社会秩序混乱,午炮亦遭厄运,曾被钢锯锯了两道颇深的伤痕,系盗窃分子所为,后得文物部门保护,方幸免于难。午炮现藏省博物馆。

天门山上有"天门"

郑剑飞

天门山在大庸市南八公里，海拔1500多米，从河谷地带往上看，简直像垂在天际的一块屏风，山势险峻，有如斧削。更为奇妙者，是山上海拔1200米高处，有一大洞，高131米，宽37米，洞道长30多米，状似"天门"，使这座大山平添了许多灵气。所以当地民谣曰："大庸有个天门山，离天只有三尺三"。

天门山是大自然的杰作。秦汉时，此山称作"嵩梁山"。传说三国吴永安六年(263)，其山因流水浸蚀，砉然中空。吴王孙休闻报，赶来察看，以为此乃天赐神物，遂更山名为"天门山"，并割武陵郡一部分，置天门郡，百姓欣然。遁迹空门之士，亦视此山为远离尘嚣的"神仙居处"，宜于静心沉虑，故纷纷前来修行参禅，香火旺盛一时。

天门山既为通天之"门"，自有仙境般的景色。这里山势较高，最宜观日。看红盘乍涌，华光四射，云海翻腾，恍若神游太虚之境；而夕阳西下时分，满山皆金，暮霭袅袅，或松风乍起，萧萧飒飒，亦别有情趣。更有那百年难遇的奇景，大雨滂沱之际，水从天门洞顶飞流直泻，轰然洒落，宛然一幅“疑是银河落九天”的壮丽画卷，方圆十几里外皆能目睹。由于此景难见，每当出现，村民奔走相告，以为盛事。当地老人说，本世纪以来，天门涌水只发生过两次，因而更给这座名山披上了一件略带神秘的外衣。

闲话辣椒

元 清 文 耕 耘 整理

“一辣成佳肴”，湖南人爱吃辣椒，邵阳、湘乡一带尤甚，每餐必备，无则难以下饭。辣椒又名班椒、番椒、海椒、辣茄。原产南美洲，明朝传入中国，在西南各省迅速推广，普遍栽植。清初《花镜》有“番椒丛生白花，果俨然秃笔头，味辣色红”之记载。

朝天椒为主要品种，栽种广，产量多。其表皮鲜红光泽，肉厚籽少，辣度很强，干后久藏不变色。

辣椒辛香可口，调味开胃，增进食欲，还有

药用功能。《食物宜忌》载："辣椒温中下气，散寒除湿，杀虫解毒，治呕逆，疗噎嗝，止泻痢，祛脚气。"辣椒制作方法多，鲜食外有多种制法，如干辣椒、剁辣椒、盐辣椒、酸辣椒、辣椒酱、辣椒油、辣椒粉等。以永丰辣酱最负盛名。

辣椒外销历史悠久，19世纪末即已出口至东南亚。邵阳朝天椒外销声誉很高，出口量占全省百分之五十多。第一次世界大战期间，辣椒远销西欧各国做军需工业品，制造催泪瓦斯。抗美援朝战争中，志愿军在朝鲜冬季的冰天雪地中作战，极需热身御寒的食品，邵阳等地曾将辣椒作为军需副食品支援前线，掀起踊跃交售"爱国辣椒"的热潮。

永丰辣酱

湘　波

湖南以盛产辣椒著名，双峰县永丰镇的辣酱更是蜚声中外，具有气味芳香、色泽鲜艳、辣而带甜等特点，是佐餐调味的佳品。

永丰辣酱有着悠久的发展历史，可以上溯到三百多年前的清朝初期。据《湘乡县志》记载，永丰辣酱"相沿以蔡广祥店出名"。蔡广祥店是中共早期卓越领导人之一蔡和森的祖辈兄弟开设的一家辣酱店，蔡和森少年时在这个店里做过工。由于蔡家配料有方，制作精细，做出来的辣酱比同行各家都要好，因此深受顾客的青睐。清咸丰年间，曾国藩用永丰辣酱进贡皇帝，受到皇帝的赞誉，永丰辣酱也就从此身价百倍，成了“贡酱”。不仅闻名国内，而且远销海外。一些出国求学，渡洋经商者，常作为珍贵礼品携至外域。

永丰辣酱系采用当地所产味鲜肉厚的辣椒和小麦、黄豆、糯米等原料精工制作而成。每当酷暑来临，将小麦、黄豆、糯米洗净、煮熟、发酵，然后晒干，磨成粉，配以适当佐料，用凉开水调拌成半浆糊状，置于大酱钵中，利用三伏天的强烈阳光进行曝晒。几天后，将鲜红辣椒剁碎加入其中搅匀，继续曝晒，每日搅拌几次，经过十天左右即成。整个制作过程，突出一个“晒”字，所以当地群众称之为“晒酱”。由于原料的差异，永丰辣酱有不同品种，就其色泽而言，除常见的酱色和酱红色外，还有深红色、墨红色的，以带深红和墨红的为上品。就其味道而言，除程度不同的辣味外，有的略带甜味，或甜中带“沙”。如带酸味，则是下品。辣酱保存时间较长，中间挖一小凼，便有辣油浸出，这是酱中的精华。这种带油的辣酱味美爽口，可称上品。

新中国成立后，双峰县辣酱在原来蔡广祥酱铺的基础上，由单一生产有籽酱发展为生产多品种的辣酱，如芝麻辣酱、刀豆辣酱、藠头辣酱、蒜蓉辣酱等，产品更加畅销。

临澧的"辣椒皇后"

楚　兵

人们常以辣椒比喻湖南人的性格,其实,湖南的辣椒不见得都是辣的。

在临澧县修梅乡鸡山一带有一种辣椒,形似宫灯,色如玛瑙,鲜红透亮,肉厚味甘,清甜爽口,而又不失辣椒风味,且营养价值较高。大的四个左右即有一斤,所以被誉为"辣椒皇后"。又因其形似溪流中的水泡,所以又称"大红泡"。每当收获季节,男女老少提着篮子兴高采烈地去地里摘辣椒,只见田野里人头攒动,一片翠绿中缀着点点殷红,色彩艳丽,十分悦目。

早在二百余年前,临澧就有栽培这种辣椒的记载,清代曾被作为贡品。随着历史的演变,"辣椒皇后"早已进入寻常百姓家,成为馈赠亲友,宴请宾客的佳品。

湘　莲

叶　愫

湘莲是湖南著名特产,历来列为贡品,故又

称“贡莲”。湘莲发源于湘潭地区,已有三千多年历史。据《湖南省志》载:公元前3世纪屈原流放沅湘时,对清芬洁艳的荷叶与莲花深为欣赏,发出“芙蓉始发,杂芰荷兮”(《招魂》),“制芰荷以为衣兮,集芙蓉以为裳”(《离骚》)的吟咏。

湘莲肉洁白细腻,肥壮坚实,味鲜美。驰名的莲子羹、三元蒸鸡(莲子、桂元、红枣蒸鸡)和莲子八宝饭为席中珍品。莲子还有一定的药用价值,莲子蒸白木耳为上等补品。莲心可治多种疾病。莲子色香味三者俱佳,而且象征“心心相印”,故人们喜作馈赠之用。

湘莲生产曾几起几落。明清之际是湘莲的鼎盛时期,在湘潭、衡阳、祁阳等十余县广泛栽培,衡阳小西门外有“西湖十里白莲花”之说。封建王朝在此设莲实局,专收莲子税。清末,湘莲生产逐渐衰落。民国前期有一定发展,产量冠全国,远销海外。抗日战争爆发后又趋衰落。抗战胜利后,由于征税过重,莲农无利可图,生产逐年减少。新中国成立后又有起色,至1984年产量突破三十五万担,创历史最高水平。

湘西糍粑

彭继宽

湘西糍粑,是用优质糯米做成的一种群众

喜爱的食品，制作精细，吃法多样。我出生在湘西，自己制作过糍粑，尝过糍粑的多种风味。

在湘西土家族地区，春节前十天半月，农村家家户户都要打糍粑。其做法：首先将自家种植的糯米洗净，用水浸泡一至二日，然后将糯米蒸熟，放入木槽内，由两个青壮年男子用“丁”字形木槌将糯米饭反复捶打，使成为黏性极强的糍粑浆。这时妇女们将糍粑浆拧成一个个拳头大的圆球，再由男人们用两张长条凳将圆球压成扁圆形的糍粑，放在桌上冷却。过去富裕农户最多要打几百斤糯米，一般农户最少也要打一百斤以上。每户打到最后，总要制作一个五六斤或七八斤重的“太阳糍粑”或“月亮糍粑”存放家中，象征来年合家团圆，美满幸福。

糍粑除了供春节自食外，还作为礼品赠送亲友。特别是青年男女订婚之后，男方每年必须在春节向女方送糍粑，表示拜年和祝贺。男方准备结亲时，也须向女方馈赠大量糍粑、酒、肉等，预示婚期已到。

湘西糍粑有几种不同的食用方法。一是用炭火烤。例如小孩上山放牛或打柴，带上几个，想吃时就在野外烧火烤食。二是油炸，最好用茶油或其他植物油，炸熟后撒上白糖或食盐，香脆可口。三是将糍粑切成小块，和蔬菜一起煮食。四是同米饭一起蒸吃。保存糍粑的最好方法是用冷水浸泡，但必须每隔三至五天更换一次清水，这样能保存好几个月。

湘西鲊菜

文忛萱

湘西一带，无论城乡都讲究吃鲊菜。最常见的是鲊辣椒，将鲜椒切碎腌盐后，拌干糯米粉盛在缸中制成。吃时，或炒，或煎，或煮成糊状均可，味咸辣、微酸，清香可口。另一种是用大红鲜椒，从蒂部挖小孔，挖去瓤和籽，实以糯米或糯米粉，紧压于缸中，食时整个煎熟，亦别有风味。鲊菜花样繁多，还可就地取材，如将南瓜(青皮的)、芋头、芋叶茎、茄子之类切丁腌盐后拌米粉盛缸中备用。荤菜如猪肉，可切成小片；鱼，切成小块，小鱼则腹内和鱼身都用米粉实裹；腌盐后均如法泡制。鲊菜煎炒时，香溢户外，闻之令人垂涎。俗谚有“酸菜鱼酸鲊，送饭冤家”之说，意即为送饭的最好家常小菜。

菊花石艺夺天工

柳铁城

1915 年，巴拿马万国博览会在美国旧金山举行，浏阳展品菊花石雕《梅菊屏》和《梅、兰、

竹、菊横屏》荣获“全球第一”工艺金奖。

菊花石是举世无双的稀有名贵石料，出产在浏阳河上游的大溪河地段。河流回旋而过，在永和镇蝴蝶山下形成一个大水涡，人称蝴蝶塘。离水面 8 米至 35 米深的塘底，蕴藏着 2 亿多年前生成的石丛。清同治年间，渔人在塘中捞起一些崩裂的灰黑色石块，上面有自然形成如花瓣的白色纹理，呈辐射之状，花形多姿，酷似竞放的朵朵秋菊。石工取之，最初凿成砚池、笔洗、笔架等文具，陈列案头，别致雅观。继而创新改进，由粗放的实用品转为观赏陈设的工艺品。在雕刻技法上，从线雕到浮雕，进而发展到圆雕和立体镂空雕。内容以花为主，因材施艺，借形就势，百态千姿，各有情趣，无一雷同，产品畅销海内外。

菊花石质坚，深藏水底，且河深水旋，采石者要潜水施工，十分困难，只有极少数谙熟水性者能胜任。当时无输氧设备，水底作业要不断到水面换气，耗时费力工效低，隆冬天寒，不能下水操作，石料供不应求。因此，建国前石雕厂不时停工。

新中国成立后，曾拟试行爆破采石，因永和镇房舍鳞比，人口密集，影响安全，未克实现。1991 年，浏阳菊花石雕工艺厂恢复生产，用围堤车干水后采石，获得成功。

长沙火宫殿的臭豆腐

龚业隆

长沙市离湘江数百步的坡子街有家火宫殿，以传统小吃闻名中外，迄今已有二百四十多年的历史。

清乾隆年间，火宫殿是祭祀火神的庙宇，道光六年(1826)重修，为古典式建筑，前牌楼为火宫殿，后牌楼为乾元宫。每逢祭祀的日子，戏班唱戏谢神，观众云集，卖艺、说书、测字算命者，蜂拥而至。零食摊贩竞相叫卖，久而久之，成为独具风味的小吃市场。至清末民初，又有所发展。民国二十七年(1938)长沙“文夕”大火，火神不能自保，全殿化为灰烬，仅临街牌楼幸存。民国三十年(1941)，民众集资再建神殿，修木架棚屋铺面四十八间，经营小吃，自成闹市。

火宫殿的小吃有浓郁的地方风味，其中最负盛名的是油炸臭豆腐。

油炸臭豆腐是选用成色新鲜、颗粒壮实的黄豆制坯，经香菰、曲酒、冬笋、浏阳豆豉等原料制作的发酵水浸泡之后，用小铁锅文火油炸，然后在豆腐上钻孔，灌入酱油、麻油、味精、辣椒粉配合成的调料，使豆腐表面呈灰黑色，外焦内软，香辣可口。人们形容臭豆腐“黑如墨，香如

醇，嫩如酥，软如绒”，可称湖南小吃中的“一绝”。

建国后，火宫殿一直保持了这一传统风味。毛泽东、彭德怀、叶剑英等曾先后前来品尝臭豆腐，赞不绝口。建国前，火宫殿的小吃不能入席，现在成了宴席上的名菜。

花瑶婚俗

奉泽芝

我们花瑶族是瑶族的一支，散居在隆回县西北的偏僻山区，人口5千多，有奇特的婚俗。

瑶族青年订婚那天，男方媒人背着一把老油纸伞到女方家，向神龛三作揖后，把伞竖放在神龛上，然后就座。女方拿下媒人所放的伞，把12个花布丝线坨（名贝包）挂在伞的撑篾上，仍将伞放回原处。媒人等饮酒时，女方妇女运来许多湿田泥，堆放在堂屋门口两边。饮酒到行“四季发财”令时，妇女们就把湿田泥向媒人和挑礼物的人身上乱涂。媒人、挑夫则点燃鞭炮，向堂屋大门奔去，妇女们则捧着田泥追逐。媒人、挑夫全身沾满湿泥，不但不生气，反而喜笑颜开，连连道谢，有的甚至拿钱回赠。衣服上的田泥，要穿回男家三天后方可洗掉。媒人用纸伞兜回的“贝包”是订婚证明，瑶语叫“交贝包”。男家要永久保存，如离婚，女方必须收回。

瑶族青年结婚，女方亲友要送亲。新娘到了男家不入洞房，不见新郎，整夜静坐火房，来宾一直陪坐，大家有的对唱山歌；有的“夜讪”(男女对唱瑶歌)；有的“打蹈”(顿屁股)，男的向坐着的女子膝腿上坐去，或女的向坐着的男子膝腿上坐去，坐上后摇摇顿顿，说笑不止，瑶族人都喜欢这个活动。

瑶族盛行在婚宴上数酒令。婚宴时把三张大方桌合拢作为正席，安排尊贵的客人坐上座。正席的斟酒者必须善饮，能说几句歌词古话。饮酒用饭碗，唱数成双，数酒令“初唱成双”，即是连喝两碗；“二碗对亲家”，即全桌斟满酒，互相斟换；“三架闯财”，即喝了三碗必须加一碗；“四季发财”，即喝到第四碗必须加倍。如果再喝，还有“五子登科”、“禄(六)位高升”、“七星北斗”、“八仙过海”等酒令。要客人喝得酩酊大醉才罢休。

城步满族的由来

段志强

清乾隆以前城步苗族自治县没有满族人口，乾隆初城步设立理瑶同知府后，城步始有满族流官。据旧县志记载，先后有过一些满族人到城步任同知，但都没有落籍定居。宣统二年(1910)镶黄旗关常兴到城步长安营任游击并落籍后，城步方有世居满族。

关常兴，字茂如，咸丰六年(1856)出生在京兆(北京)，原姓瓜尔佳氏，属镶黄旗。同治末年中探花，官至御前侍卫，因有胆有识，功绩卓著，被晋封威功将军。曾在湖北宜昌当参将。其时，湖北德安匪患猖獗，百姓不能安居乐业。关除暴安良，体恤民情，深得民心。民众为他立生祠一座，并赠他一把“万民伞”。后因选妃时隐匿次女，与宜昌守备杨永泰不和等事，光绪三十二年(1906)被遣往湖南宜章，仍官参将。杨永泰不服，告御状，宣统二年(1910)，关常兴被贬到城步长安营任游击。宣统三年(1911)，关奉旨升任靖州协台。值辛亥革命爆发，未能到职。清朝灭亡，他改瓜尔佳氏为关姓，改满族为汉族。民国三年(1914)，关率家孥从长安营迁至城步县城定居。

关常兴从北京辗转到长安营时，随同前来的北京满人还有周介山等，总数不过二三十人。民国十五年(1926)，关在城步病逝。新中国成立后，关氏后裔根据民族政策提出申请，经人民政府批准，恢复了满族身份。现今城步的满族人口，除多数为关常兴的后裔外，还有周介山的后裔和少数外地籍工作人员。

在关常兴任过游击的长安营，通行一种悦耳的语言，人称“长安话”。确实，在城步汉语系方言中，“长安话”显得最纯和、文雅。据说这是因为关家是北京人，在他们到长安营之前，这里又曾驻过满族旗兵，“长安话”就是从他们引进的京腔中繁衍派生出来，在当地逐渐形成的一种南腔北调的独特语言。报刊曾有《此处苗乡京话多》的报道，对这种类似京腔的语言在本地的传播深为赞赏。

闲话德园

易仲威

长沙人喜欢坐茶馆，品茗谈天，而且独具地方特色。

解放前长沙茶馆甚多，约有200余家。早上刚天亮至十点左右，每家都高朋满座，谈笑风生。其中生意最好、规模最大的有四家，即洞庭春、五芳斋、大华楼、德园，号称四大茶馆，而首屈一指的又推百年老店德园。据当时市井流传，德园有四大特色：茶味香浓、包点精美、佐食雅致、招待热情。

茶客一走进雅座，便有舒适之感，窗明几净，锃亮的黑漆桌凳，一尘不染。桌上摆着一壶四杯，两盘两碟。客人落座，堂倌先用开水冲洗茶杯，然后向壶内“冲开”，令人顿觉茶香扑鼻。据闻用的茶叶，系多种绿茶混合，再窨以茉莉香花，故香味异常。两盘是花生米和黑西瓜子，花生米颗粒均匀，五香燥脆；瓜子壳薄肉实，一嗑即开。据店主云：花生米非安化籽不收，瓜子非江西樟树的不买。两碟是冰糖梅苏和玉醋嫩姜片，爽口开胃，最宜佐茶。尤妙的是小碟均盖小竹笠，望去清洁卫生，典雅宜人，使食者放心。喝茶间隙上包点，一碟四个，花色配搭，品种有香菇鲜肉、玫瑰、水晶、冰糖盐菜、麻蓉、洗沙、枣泥、珧柱、金钩等，面白丰满，皮薄馅足，含油欲滴，落口消融，别饶风味。

除包子外，还供应季节点心，春季有春卷，夏季有千层糕、凉发糕，秋季有脑髓卷，冬季有萝卜饼。还经常供应蒸饺、锅饺、蝴蝶卷、银丝卷、馒头等，花色繁多，适合各类顾答需要。

到德园坐茶馆的，从军政显要到百工杂役，城市贫民，各阶层人士都有。且多属健谈之客，上下古今，天南地北，高谈阔论，眉飞色舞，也有搞调解的，谈交易的。但大家都注意到墙上贴的

四个大字:"莫谈国事。"

原湖南省文史研究馆副馆长曹典球曾撰一嵌字联赠德园茶馆:"德必有邻邀陆羽;园经涉足学卢仝。"此联用了陆羽撰茶经,和卢仝七碗生风两个典故,嵌字自然,对仗风趣,虽往事如烟,但仍使人回味。

长沙茶馆旧事

俞润泉

清光绪三十四年(1908),长沙下坡子街有一家二层楼茶馆,名天然台,某名士撰一联张于门之左右,曰:

客上天然,天然上客;

天然上客,客上天然。

1910年初,老板从上海购来制蒸馏水用具,置于门前,取湘江之水蒸之,用以泡茶,确具特色。茶叶是用河西园茶为主配皖西六安黄茶,并加玳玳花三、五朵,每杯用茶五钱。水清、茶热、味浓香烈,可泡五次以上,每杯收制钱一百二十文。当时长沙牛碾子米每升值六十五文(一升为750克),即差不多要两升米的钱才能喝一杯茶。

1910年初夏,因水灾和奸商外运粮食,造成长沙米价上涨,一度涨到七十八文一升,因此饥民数千人聚集南门外鳌山庙,奋起抗争。巡抚岑春蕡指示省巡警道前往弹压。巡警道赖承裕坐四人绿呢大轿到鳌山庙，对饥民们说：“长沙天然台的茶一百二十文一杯有人吃得，七十八文一升的米吃不得吗？”这句话使饥民们更为愤怒，立即把赖承裕拖下轿来，用绳子绑在一株老垂杨树上，以示惩戒。长沙有人戏写竹枝词云：

台上天然酒绿红，
斗升百姓腹中空；
鳌山门外垂杨树，
不系青骢系赖翁。

天然台老板闻谣传要砸他的茶馆，赶快把蒸馏机收起，清茶每杯降价为十文。

春倌送春

覃远志　邓人璋

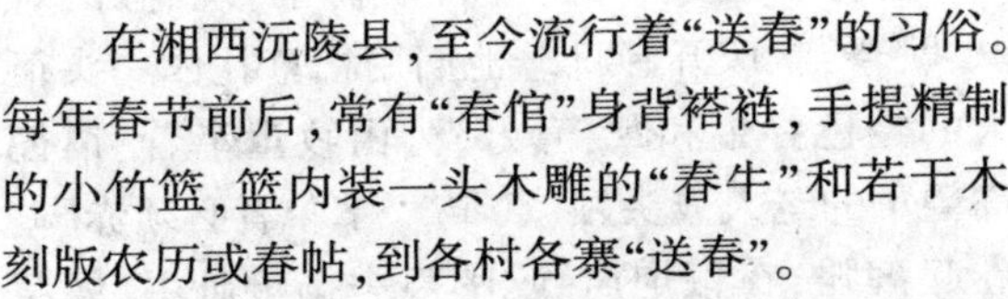

在湘西沅陵县，至今流行着“送春”的习俗。每年春节前后，常有“春倌”身背褡裢，手提精制的小竹篮，篮内装一头木雕的“春牛”和若干木刻版农历或春帖，到各村各寨“送春”。

沅陵县的春倌，是由栗坡乡的坳头、界溪、黄狮坪等村的粟、赵、胡、瞿等姓人世袭的。

春牛的颜色很有讲究，不能随便涂染，它具有一定的象征意义。如果牛身以黑色为主，表示这一年雨水较多；以红色为主，表示这一年晴天多，将发生干旱；以黄色为主，标志这一年风调雨顺，五谷丰登。春牛身上各色所示的部位不同，其意义也不同。例如头部黑，前身黄，后身红的春牛，就预示这一年春季雨水充沛，夏季晴雨适宜，秋季烈日炎炎。

乡里人非常欢迎和信任春倌。春倌到各家送春，一般站在堂屋的右边，又唱又念，把二十四个节气的日期告诉主人；接着预告本年度的天气情况，以及可能发生的旱、涝、虫灾；随后解答主人提出的一些农事问题。送春的目的是为了提醒人们莫误农时，预祝丰收，并作好对付自然灾害的准备。春倌唱诵时，主人全家站在堂屋左边静听，有的还作记录。春倌临走时，送给主人一本农历或一张春帖，主人则回赠他一点盘缠。全家恭送他出门，祝他一路顺风。

正月十四，是召回春倌的日子。这一天，外出各村寨的春倌必须准时赶到送春头领所在地，向头领汇报送春情况。

正月十五这一天，乡民要狮子、玩龙灯、对歌、跳舞，欢庆开春日。他们用稻草扎成一头很大的金色春牛和犁，套好驾，由牧童牵着，请德高望重的老人或头领“掌犁”。掌犁者必须赤脚，卷起裤腿，在鞭炮声、吆喝声中扬鞭赶牛，缓缓向前移动。春倌们则身穿长袍，紧跟在后面。这是预示紧张的春耕工作要开始了。

赶　年

郑剑飞

“赶年”是湘西大庸一带的旧俗，以土家族聚居区为最盛。“赶年”就是提前一天过年，图个来年的吉利和平安。这一习俗的起源，据说与明代平定倭乱有关。明嘉靖年间，东南沿海倭寇为患，朝廷降旨这里的一路土家兵马前往征剿。其时正值年关的前一天，将士们都希望捱过一天，过了年再走。统兵的为了不误军机，又能抚慰军心民心，想出提前过年这个主意，一时皆大欢喜，当晚家家户户宰猪烹羊，犒送即将远征的亲人。黎明时分，这一路人马意兴盎然朝东南沿海而去，征战中果然连连报捷。从此，“赶年”在这一带便相沿成习。

赶年的当天晚上最为热闹。大人小孩都穿新衣，戴新帽，贴春联，剪窗花，到处喜气洋洋。主妇更是忙进忙出，预备团年饭菜。饭莱熟了，先燃一炷香，奉敬神灵和先人，祈祷来年风调雨顺，五谷丰登。奉祀完毕，已到了第二天凌晨两三点钟，全家才同坐一堂吃团年饭，开怀畅饮。年饭吃完，个个酒酣耳热，开门出去大放鞭炮，迎来满屋子瑞气。一时间村里村外，远远近近一片鞭炮声，这样不觉东方之既白，家里人就相互

道喜说："过年越过越亮了。"这在当地叫"讨口彩"，意思是说，来年必然光亮，吉利红火。

团年的饭菜，颇多讲究。饭要用家中最好的米，满满煮一锅，白花花，香喷喷，赶年时吃不完，一直吃到正月初，表示"年年有余"。团年桌上还有一道"传统名菜"，是猪头肉和猪尾巴。猪头猪尾同烹，不仅味道好，还预示着一年"有头有尾"，吉祥如意。每年邻里乡亲杀了年猪的，都把猪头和猪尾完整取下，挂在火塘上熏制，以备赶年之用。这一习俗，也是由来已久了。

沅古坪的画眉场

清泽文迪斯整理

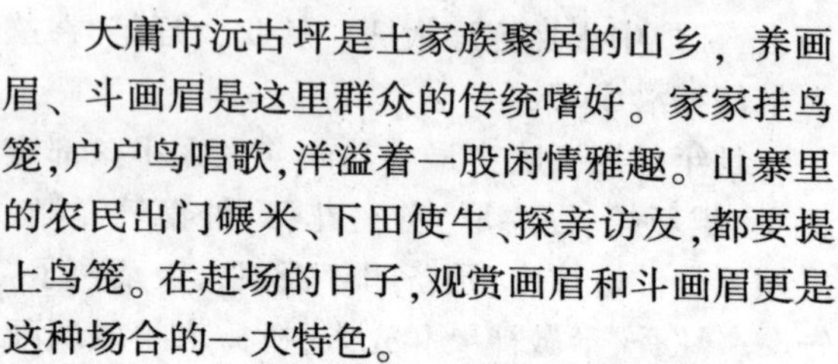

大庸市沅古坪是土家族聚居的山乡，养画眉、斗画眉是这里群众的传统嗜好。家家挂鸟笼，户户鸟唱歌，洋溢着一股闲情雅趣。山寨里的农民出门碾米、下田使牛、探亲访友，都要提上鸟笼。在赶场的日子，观赏画眉和斗画眉更是这种场合的一大特色。

集市上，那雕龙镂凤，形制考究的画眉笼沿街挂着，一直绵延到街后面的茶山坡上。笼内的画眉全是公鸟，羽毛呈竹青、棕褐色，腹部灰白，后颈和背部有黑褐色斑纹，白眼圈，金黄嘴，灵巧美丽，逗人喜爱。画眉善鸣，可以唱出各种不同的美妙声音，婉转悠扬，清脆悦耳。主人露出得意的神色，向观众夸耀自己画眉的打斗本领，以招徕顾客。有人提出举行“画眉斗”试比高低，于是双方都把笼子挂在树枝上，两笼紧挨，笼门相吻。笼门一开，最凶的画眉便如离弦之箭扑向对手。打斗激烈而多变化，或两嘴相啄，或啄对手的头与眼睛，或咬住其肚皮往一边拖，或彼此紧紧拥抱，满笼子打滚……围观者暗暗助威，获胜的画眉拍着翅膀，高声欢叫。鞭炮声中，战败者的主人将一块大红布围在胜者笼子上，递上红包，给获胜画眉赠名、喂食，以示犒赏。

“画眉斗”是土家族的民族精神与性格的一种反映，养画眉也是土家山民的一种财源。

黄兴和扬子江野球队

蒋为群

清光绪二十一年(1895),棒球运动(当时称棒球为野球) 在京、津地区的教会学校开始出现,光绪二十九年(1903)传入长沙。辛亥革命元勋黄兴1903年从日本留学归来,受聘于长沙明德中学任教。他与该校教师胡子靖、关嘉会、张溥泉、周道腴等组织了扬子江野球队。其目的除了锻炼身体,推广野球运动之外,主要是以其作为从事革命的掩护和外围组织。他们常在野球运动后举行秘密会议,研究开展革命活动事宜,并以此联络感情, 发展组织。宣统三年(1911)

夏，湖南同盟会会员为联络新军，掩护革命，又在长沙成立了野球会。

辛亥革命之后，野球运动在湖南得到提倡。民国元年至二年(1912 至 1913)出版的《湖南教育杂志》，曾连载《野球讲义》第一至第五部分，较详细地介绍了野球的技艺及其传入中国的情况。野球运动随之在湖南的部分学校开展起来。省立第二师范学校在湖南省第九届运动会上获得冠军；第十届省运动会上，明德中学队夺魁。湖南省棒球队曾获第三、四届华中运动会冠军。

湖南第一所体育师资学堂

易桂森 文　为　群 整理

光绪三十年(1904)，湖南省根据头年颁布的《奏定学堂章程》，率先与浙江省分别创办了体操专门学堂——体操研究所。当时的“体操”即今之体育，体操专门学堂即培养体育师资的专门学校。

据 1904 年《湖南官报》588 号载：“照得尚武为自强之本，体育为教科之源。现奉抚宪设立体操研究所，讲求武备，欲为湘省开通风气，培养教员。”这是当时湖南武备学堂兼办体操研究所的招生布告。

湖南体操研究所由政府拨专款设立，地址

在长沙市白马巷，借用游击衙门箭道坪为操坪，教习多由省武备学堂教官兼任。1904年秋，该所招收一年制正科生二百人，半年制附科生一百人，均为男生。规定三个月为一学期，一年制四学期，半年制类推，无寒暑假。学生入校条件是："曾读经史，文字通顺，身体强健，身家清白，年龄在十四岁以上，并有确切保人，本人出具志愿书者。"

该研究所术科设柔软体操、器械体操、兵式体操及各科游戏；学科有修身教育、史地、生理卫生、数学、图画、测量学等。学生每人每期缴学费六元，操衣靴帽按研究所统一规定样式自备。管理严格，越轨违纪者记过一次，记过三次者勒令退学。

限于当时条件，湖南体操研究所教习阵容不齐，设备简陋，教学质量不高。但因有政府支持，还是办得井井有条，且日臻完善。惜开办仅一年，因从天桥上跌死一学生，抚宪衙门因噎废食，便下令停办了。

巫家拳的由来

易芷媛

巫家拳创始于清代乾隆年间，是因巫必达创编而命名的一个拳种。巫原籍福建省汀洲府连城，生于乾隆十六年(1751)。其青年时代远离家乡，走南闯北，到山东、河南、河北、湖北等地寻师学武。先习少林拳的各种攻防手法，后学武当拳术，深得其藏精蓄气，培神固本等秘旨。巫自小足跛，人称“巫跛子”。他从自己足跛的实际出发，取少林、武当两家之长，创造出“避实就虚，避强攻弱，借力攻击，回绕奇袭”等一类拳法，套路有偏刚、偏柔之分，授拳有体强、体弱之别，刚柔相济，体系完整。

乾隆六十年(1795)，四十四岁的巫必达来到湖南株洲六石围李六魁家，收其子李维潭为徒，后移居湘潭马家河，授徒冯南山、冯连山兄弟。嘉庆十七年(1812)，巫病逝冯南山家，享年六十二岁，葬于湘潭市东郊黑石头后面高家冲，由冯、李两姓门人修墓立碑。

在十多年的教习下，李、冯两家均得巫家拳真传，李家以精耙术著称，冯家以精棍术闻名。以后此拳在李、冯两家扎根繁衍，至今已传七代，门徒以万计。巫家拳不但具有古朴无华的独特风格，它的名师还提倡武德，告诫门徒尚武不尚力，提出“狂妄之徒不教，轻浮之徒不教，忘恩负义之徒不教”的戒律。

巫家拳在湖南有近二百年的历史，世代相传，不断演变，是深受群众喜爱的一个拳种。民主革命家黄兴、秋瑾均先后练过巫家拳。1931年湖南省第一届国术考试时，巫家拳派有五人报名参赛，四人获得名次，其中唐徽典是巫家拳传人，系有“湘中杰士”之称的唐树德之子，他得其父真传，功底深厚，轻取冠军。同年9月参加全国首届国术考试，再度夺魁，成为当时湖南少有的拳师。曾受聘到湖南体育会和省国术训练所任教，后被南县国术分馆聘为馆长。

体育教育家陈奎生

丁非杰

陈奎生，字愧三，1891年8月生于长沙，先后毕业于湖南中路师范（今第一师范学校）和南京高等师范体育科。终身从事体育教育事业。

他认为增进民众健康，洗雪“东亚病夫”的耻辱，必须从小学生的体育锻炼抓起。1930年8月，他辞去待遇优厚的湖南大学体育教师职务，去汉阳主持湖北省立第十五小学的教务，兼任体育教师，潜心研究小学体育，并著有《小学体育之理论与方法》问世，阐发精微，有独到见解，自成体系，被全国体育界誉为小学体育专家。

陈奎生在中路师范读书和附小任教期间，对实习主任徐特立、老师杨昌济、刘劲等人十分敬重，与同学毛泽东、何叔衡、柳直荀、萧三等交谊甚厚。“五四”运动时，陈曾在南京参加游行示威。回长沙后加入毛泽东、蔡和森等组织的新民学会，并为《湘江评论》撰稿。陈一生无心仕途，当过不到一年的一师校长，做过几个月的教育厅体育视导，都因自己的主张无法实现，与教育当局采取不妥协、不合作的立场，挂冠而去。

陈奎生一生勤俭，常用“俭以养廉惜物，勤能补拙习劳”自励。他不着西装革履，爱穿粗布长衫和密缝细扎的布鞋；不坐轿，不乘人力车，每去交通不便的地方，无论路途远近一律步行。粉笔要写至蚕豆大小方止，废信封总是翻过来重用。虽自奉菲薄，却乐于助人，对朋友、学生的困难，对社会事业的赞助，慷慨解囊，从不吝惜，曾以自己的工资帮助学生上大学，直至学成就业。他对受援人的态度是“言借不言还”。

陈的生活起居、工作、学习有严格的方式和规律，书桌上贴的纸条写着：“学习工作，劳逸结合；多吃蔬菜，少吃荤盐；早睡早起，不酒不烟；待客以茶，恕不敬烟。”门外挂着他的作息时间表，把每天起床、做操、工作、学习、会客、休息的时间写明。1950年毛主席邀陈奎生去北京中南海作客，毛主席见到他时便问：“你的生活起居还像从前那样有规律吗？”陈笑答：“已成习性，终生难改”。

湖南最早的女体育教师

马毅君　李淑媛

范慕英女士，上海市人，1908 年毕业于上海女子师范学堂体音专修班。长沙周南女校创办人朱剑凡于 1910 年聘范来校任体育、音乐教员，是为湖南省有女体育教师之始。

范女士教舞蹈、游戏、徒手操、轻器械操等项，业务娴熟，教授得法，"三育"并重，深得学生爱戴。她在舞蹈、游戏等课程中，注入历史故事内容，富有教育意义。

1912 年周南女校举行运动会，范慕英担任组织领导工作。她指挥有条不紊，表演的舞蹈、游戏、徒手操、轻器械操共二十八个节目，编排新颖，动作整齐，观众如堵，长沙为之轰动。

当时长沙《天民报》载："民国元年十月二十七日，周南女校开运动会……其指挥也，则有慕英女士等诸媛……观众盈千，共为赞善；扬袂如云，拍掌若雷。"运动会后，《长沙日报》对范女士等组织的各项表演亦有报道："圯上进履一节，尤寓精意。其法以初小生为之(周南女校设有附属小学)，择其年稚者二人，着黄色衣冠，挂白须，曲背各坐一处。余分为两组，各环老人立。翁故脱履坠地，两组依次各环行一周为翁进履，翁既纳而又脱之，以先完之组为胜。胜者得旗，上题'孺子可教'。"

范慕英女士热心教育。她所编的游戏与舞蹈，力求推陈出新，有所发展。例如《黄鹂第一声》、《月涌波心》、《月圆时》、《双蝶》、《寒英》等舞蹈与游戏，均能寓教于乐，使学生热爱生活，奋发向上，陶冶高尚情操，塑造美丽的心灵，保持旺盛的学习精力。

湖南最早的女子足球队

陈嘉钧 口述　蒋连枢 整理

民国十七年(1928)，周南女子中学成立了湖南省第一支女子足球队，队员有学生陈嘉钧、苏镜、杨仁、罗孟芳、陶云、黄湛海、萧群、钟英、李涤辉等。这一群女孩子在校长朱剑凡"强国必先强种"的号召下，在语文教师黄厘叔"妇女要解放，首先要解放自己，不能做男人的附属品"的鼓动下，决心向封建礼教宣战，积极参加各项体育活动。

当时女子足球运动在长沙乃至全省尚未开展，一般人认为踢足球是男子的运动。她们在体育教师阎家笃的支持与帮助下，不顾家长与亲友反对，顶着社会上"伤风化"、"败民俗"等舆论压力，坚持课余以排球当足球，用篮球架为足球

门，在操坪踢了起来。这支女子足球队成立不久，便与明德中学初中一年级男子足球队进行了一场友谊赛。周南队踢得顽强勇猛，巾帼不让须眉，观众如潮，结果双方踢平。

在周南足球队的带动下，长沙南华女中、明宪女中、省立长沙女中也相继成立了女子足球队。民国十八年(1929)长沙举行秋季运动会，女子足球列为比赛项目，上述四校都报名参赛。比赛规则与男子足球基本相同，只有场地改为70×56米，比赛地点在雅礼中学小足球场。这四队都成立不久，因而球艺不高。但比赛时都踢得很认真，争夺拼抢十分激烈，显示了湖南女性的刚毅气质。最后周南、南华两队分获冠、亚军。

这四个队不仅是湖南最早的女子足球队，也是中国早期的女子足球队。

湖南首次擂台比武

恨 非

湖南省第一届国术考试，于1931年9月27至29日在长沙市省教育会中山堂举行。考试内容为散手对抗，不分项目类别和体重级别，按抽签轮赛，以将对方打倒在地为胜。每回对打三次，三战三胜或三战两胜者即可参加决赛。这次国术省考未进行学科考试，故亦称湖南首次擂台比武。

9月28日为初试,29日为决试，共有119人参加考试。结果是,正取唐徽典、陆占山、黄忠义为前三名;副取十三名:高超、唐荣亮、杨素东、赵勋臣、宋燮、袁福云、沈锡林、张俊峰、黄定国、许得昌、李寅山、邹文茂、沈少庭。老猴拳师黎正常超过考员规定年龄，已过花甲，予以特取。

这次考试的冠、亚军之争在唐徽典和陆占山之间进行。唐徽典是长沙人,其父唐树德为巫家拳第三代传人,创“田字六肘”套路,被誉为“湘中杰士”。唐徽典不仅得父真传,且曾先后向当时武林高手冯福林、杜心五、王润生等习棍术拳术,集各家之长,功底深厚。他身高一米八十,魁伟健壮,其绝招是“罩掌”和“三十六倒肘”。陆占山是宝庆人，时任四路军技术教导大队国术教官,亦是身高体大,习北派拳,有一手叫“黑狗窜裆”的绝活,曾击败过不少名手,为宝庆武林中的佼佼者。

二人打擂开始，省教育会中山堂内人山人海,均欲一睹其风采。陆占山一开始,便以猛虎下山之势,猛攻猛打,唐则左逃右避,似难抵挡。观众不时发出笑声,更有人私下议论:唐徽典不必打了,不如自认亚军,以免受伤出丑。然而擂台比武,瞬息万变。当陆占山看准时机使用其绝招时,唐一闪身,人即向后滑出。唐随即抓住时机使出“罩掌”、“倒肘”等招式,借其力一手托着

陆的腰部，一手以罩掌按其颈部向上一抛，陆悬空一个翻身，跌在唐身后一丈余远的地上。一时观众掌声雷动，救护人员立即奔去急救。唐制止说：“没关系，我举得高放得轻，不会受伤的。”果然，陆占山随即自己爬了起来，并无伤痕。观众更盛赞唐徽典技艺高超，武德高尚。唐徽典终以后发制人，轻取冠军。

“三分人才”陈淑芳

蒋松卿

清末至民国共举办过七届全国运动会。湖南省选派运动员参加了第三至第七届全运会。这些运动员大多为中学生，在与其他省的成年大学生较量时，常因技术悬殊、体力不支、赛场经验不足等而败北或弃权，获得名次的更是凤毛麟角。

民国二十二年(1933)在南京举行的第五届全运会上，湖南体育代表队仅周南女中学生陈淑芳获得铁饼比赛第二名。这届全运会各单项比赛按“五、三、二、一”计分，取前四名，陈淑芳获第二名得三分，加之湖南代表队其他项目均未得分，人们便戏称陈淑芳为湖南的“三分人才”。这既含有对陈个人的褒扬，又含有几分辛酸的味道。事隔六十年，不少人至今未忘。偌大一个湖南省，派出152人参加这届运动会，却只有一人获得三分，当时社会各界震动很大。

我国第一个参加奥运会的田径女选手

蒋松卿

李森，1914年出生于湖南衡阳县东江区铁市乡(今属衡南县)。李三岁丧父，母魏辉在衡阳省立第六女中附小任教，李森随母亲生活。

李森在母亲的教育下，自幼爱好体育活动，每日凌晨在湘江河畔跑步，攀登回雁峰，严冬酷暑仍坚持锻炼。十二岁考入省立第六女中，成为校田径队和女排队员。她面目俊秀，身材修长，十五岁时已高达1.68米。民国十九年(1930)至民国二十一年(1932)，李森先后参加第十至十二届省运会，获女子50米、100米、200米短跑金牌，一时名震三湘，技压群芳。民国二十二年(1933)转入长沙稻田女子师范学校就读，直至毕业。

民国二十三年(1934)下学期，李森改入上海爱国女子体育师范学校，民国二十五年(1936)毕业。她在该校读书时，参加了有中国、美国、法国、苏联参赛的第五届上海国际田径比

赛。李森获女子50米和100米短跑冠军，个人总分名列第一。民国二十四年(1935)十月，李森代表上海队参加第六届全运会，获女子50米、100米、200米三项冠军，跳远亚军，并破50米、200米和跳远三项全国女子田径纪录。为表彰李森这一年为我国体育事业所建立的功绩，全国体育界将1935年称为“李森”年。

民国二十五年(1936)，李森参加了在柏林举行的第十一届奥运会。她是中国田径队中惟一的女选手。由于海上长途航行，体力消耗过大，李森未能进入决赛圈。她是中国体育史上第一个参加奥运会的女子田径运动员。

湖南女排上海夺魁记

陈嘉钧 文 力 雅 整理

1948年4月，周南中学女子排球队代表长沙市参加第十七届湖南省运动会，她们力挫群芳夺得冠军之后，同年5月由该校体育教师陈嘉钧任指导，代表湖南前往上海参加第七届全国运动会。

湖南女子排球队身穿白大布的运动服，上印“湖南”二字，是一群带有“土”气的中学生，很不起眼。新闻记者、新闻摄影师一个劲地往上海、广东等代表队的宿舍采访、拍照，湖南女排宿舍却冷冷清清。但是她们既不计较，也不气馁，暗下决心，抓紧赛前训练，立志夺魁。

第一场比赛便是与女排劲旅浙江队对阵，湖南队奋力拼搏，终于一鼓作气以3:0取胜。首战告捷，士气大振。第二场又以3:0胜安徽队。一时间湖南女排声誉鹊起，宿舍门庭若市，记者、摄影师纷至沓来。各报纸纷纷撰发消息，大加赞誉。湖南省教育厅、周南女中相继发去贺电，鼓励乘胜前进，夺取冠军。在上海的湖南老乡，尤其是在各大专院校就读的三湘青年，也派出代表献花慰勉。

全运会的女排决赛阶段，湖南队首战全国闻名的上海队。赛前湖南体育代表团给女排队员每人发两个面包和熟鸡蛋，一杯白糖开水。这在当时已是非常优厚的待遇了。比赛开始，双方比分交替上升。当湖南队以21:17胜第一局时，在场的湖南观众欢呼鼓掌。第二局上海队换人，看台上的上海观众为其呐喊助威，使没见过大世面的湖南姑娘心慌意乱，结果以19:21输了一局。这时湖南老乡自发组成了啦啦队，为湖南女排助威。第三、第四局湖南队连连告捷，终于以3:1获胜。

最后，湖南、上海、台湾三个女排队进行单循环赛，争夺冠军。当时由于裁判不公，赛场秩序无法维持，而整个比赛又不能延期，大会只好停止单循环赛，将这三个女队并列第一名。

传诵一时之联语

许逢时

浏阳文风素盛，不乏名联。脍炙人口者，有盐仓之门联："亦有高廪，若作和羹。"胡家巷李祠之侧巷(地名李家巷子)巷口，建有门楼，其门联云："颜巷何为陋，陶庐别有春。"系出自李姓秀才之手，写作俱佳，传诵一时。尤其有趣的是：袁世凯称帝时，浏阳北乡袁姓举族欲狂，于是集全族于袁家祠堂，大肆庆祝，并将其祠堂门联改为"龙飞九五，虎贲三千"。不久袁氏失败，乡人恶其族当时之狂态，报官追查。袁氏族人莫不胆战心惊，甚至逃亡于外。有好事者乘夜将其门联改为“魂飞九五,狗奔三千”,见者莫不捧腹。

刘霞仙撰联题像

姚一德　刘仲廉

娄底茶园山刘霞仙,清咸丰、同治时人,官至陕西巡抚。他跟随湘军首领曾国藩起家,经历官场险恶,深感不安。晚年有意归田,怡情山水,在乞归辞呈中写道:“民力既尽,尚为竭泽之渔;苛政未除,更奖催科之绩。事非出于得已,情实迫以难堪。”同治三年(1864),他写信与儿子,命其在旧居兴建“遂初园”,以待他归来。宅边建有专供读书的“养晦堂”,他题的大门联是:“养晦怡晚岁;守拙归田园。”题“天游台”亭联:“翁之乐者山林也;客亦知夫水月乎?”还在自己的画像上题词:“……望之俨然,卷之不见。凫翁霞仙,愿子孙贤。子孙若贤,多挂几年;子孙不贤,不值半文钱。”由此可见,刘霞仙对他的后代,既寓有希望,也寓有隐忧。

焦达峰作联述志

刘 文

焦达峰，浏阳县人，是长沙响应辛亥革命的首领人物，起义胜利后任湖南都督。他自幼聪颖好学，深受王夫之、魏源、谭嗣同的思想影响，立志革新社会，振兴中华。

他为了表达这一远大抱负，早在十六岁时就写了一副嵌字对联："达向九霄云路远；峰高五岳众山低。"巧妙地把自己的名字"达峰"嵌入联中，激励自己。1910年长沙发生严重灾荒，群众饥不得食，爆发了抢米风潮。焦达峰由此看到了革命胜利的希望，书联述志："十年事业方寸内；万里乾坤掌握中。"他偶然读了维新派《清议报》所载衡阳劫火生的"前后谭唐（指谭嗣同、唐才常）殉忠义，国民千古哭浏阳"诗句，赞叹不已，表示要继承他们的遗志，以"重整故国衣冠，还我河山"为己任，并作联语表明心志："一点心思，做出十年事业；两个目的，看破万里乾坤。"

焦达峰一生以革命为生涯，无意于诗词联语创作。他的诗词联语都是根据革命的需要撰写的，由于其不凡的气度，读起来无不令人振奋。

几副楹联见精神

易孟醇

杀同胞是湖南，救同胞又是湖南，倘中原起义，应首湖南。烈士竟捐生，双棺得赎湖南罪；

兼夷狄成汉族，奴夷狄不成汉族，痛鞑虏入关，已亡汉族。国民不畏死，一举能张汉族威。

1906年5月23日，在古城长沙，万余学生全着素装，手擎白旗，分成两路，往岳麓山进发。队伍前高举着许多挽幛，打头的便是上面指斥湖南民族败类及其主子清朝廷，哀挽陈天华、姚宏业烈士的挽幛。陈、姚二烈士同属湘籍，同为唤起民众慷慨蹈海、投江，立即在全国革命群众中掀起巨浪，湘境各界尤深关切。为彰义烈，同盟会决定在长沙举行公葬。禹之谟充任指挥，这巨幅挽幛就是他恭笔楷书。此次湖南前所未有的悲壮义举，使"官绅瞩目；以为民气伸张，清政府危，而官绅之富贵不保"。于是，统治者们视禹为眼中钉，罗织"莫须有"的罪名，于两个月后的8月10日将禹投诸湘黔边界的靖州大狱。之谟在狱撰联自励。云：

暂藏丰城剑。待著羑里书。

他以深埋于丰城狱中的宝剑自况，谓紫气终当上彻于天。又借文王拘羑里，演《周易》，而终至灭纣的故事，表达自己“驱除鞑虏，恢复中华”的决心与信心。县吏金蓉镜奉湖南臬司庄赓良旨意，堂讯之谟三次，严刑拷打，虽炷香燃腹，之谟亦坚不吐实。于次年2月6日清晨被缢死于靖州城外。

事过五年，中华民国成立伊始，临时大总统孙中山追赠禹为陆军左将军，1912年10月15日，湖南省会各界公葬禹于岳麓山。黄兴刚自鄂返湘，即赶来执绋前导。各界所送挽联如林，其一曰：

昔日公葬人，今日人葬公，麓山无恙，好与陈天华、姚宏业诸烈话旧；

世治道殉身，世乱身殉道，鼎镬诚甘，只恨金蓉镜、庄赓良二贼未诛。

此联追忆之谟曾率众公葬陈天华、姚宏业二烈士旧事，感人至深。另一联云：

真革命者蒙显戮，假革命者享幸福，竟谁识冠盖京华，都是铁血染就；

抱劫远大之志愿，莫收远大之效果，只赢得抔土麓山，便抱侠骨长埋。

民国初年，各类假革命争相表演，撰此联者，实慧眼独具。

一首哀挽黄兴、蔡锷的短联

钟　山

1916年10月31日和11月8日，黄兴和蔡锷两将军相继病逝，巨星殒落，举国同哀。

我的家乡湖南湘阴县人民于这年11月，举行了两公联合追悼大会。那时我的父亲钟映奎(光健)正执教湘阴县立高等小学堂，他怀着沉重的心情和崇高的敬意参加了追悼会，并当场写出一首十四字的挽联：

申包胥誓必复楚；

鲁仲连义不帝秦。

这挽联受到了与会人士的好评，大家认为：言简意赅、比拟贴切，是难得的佳作。几十年来一直为人传诵、称道。

何绳床自挽有佳联

胡锡龙

何绳床(1881—1941)，名寅谟，字和寿，号绳床，今汨罗市汨罗镇缪家山人。幼即聪慧，记忆过人。年十四，卒读十三经及正史诸书。弱冠，

参加同盟会，与同乡仇亮、仇鳌过从甚密。

1913年3月，袁世凯杀害宋教仁，何义愤填膺，乃以仇亮在京主办之《民主报》为阵地，讨伐袁贼。曾画怪状猿猴示讽，并配以短评。不久，仇亮被捕，壮烈牺牲，何亦身陷囹圄，囚入水牢，终成残废。获释后怏怏家居，重温经史子集，过着“虽生犹死”的生活。四十岁生日，几位好友登门，与之叙谈以解愁肠。他感慨系之，遂援笔书自挽联一首：

死亦神仙，生亦神仙，四体废，寸心存，虽死犹生，虽生犹死；

歌于是日，哭于是日，九如诗，三迭曲，其歌也哭，其哭也歌！

联亦言志。何愤懑之情，见于字里行间。

后来，何在家设馆，瞑目授经，弟子每质疑问难，即令翻至某页某行，从无差错。他渐渐悟透了人生，时生“他生未卜此生休”的慨叹，便又自挽一联：

便活到八百年，不过老彭结果；

要名垂廿四史，除非盘古翻天！

如果说此联给人尚不无“超脱”之感，于沉重中出以轻松，那么他在弥留之际面对妻儿口占一联，则催人泪下：

妻妻妻，切莫深悲，而今事死事生，一担千斤全仗汝；

儿儿儿，尤须奉教，此后或耕或读，三年两载快成名！

绳床先生之自挽联，或字含愤慨，或出语诙谐，皆对仗工整，意切情真，确为挽联中佳作。何绳床的事迹及联语被汨罗市史志部门收编成集，传入台湾。其子何钺台回乡为父建墓立碑。曾于石碑上阴刻一联云："盘古已翻天，喜见芳名留史册；老彭同结果，欣看后学继前贤。"

惠民局的一副对联

萧仲祁

1918年，军阀张敬尧任湖南督军，贪虐成性，不择手段搜刮民财，设"惠民局"，滥发彩票、纸币，吸吮民膏民脂，流毒市场，人民深受其害。有人在"惠民局"彩票台上悬联："惠而不知为政；民欲与之偕亡。"刺虐刺贪，嵌"惠民"二字于上下联首，古语天成，堪称妙联。

李福艳的两副对联

祝钦坡

黄淑云，艺名李福艳，是二三十年代湘剧五大名旦之一，不但色艺超群，而且娴于吟咏，当时有女诗人之称。但是，社会上只知道她会唱

戏、会做诗，却不知道她对对联的功力远在戏和诗之上。

记得有一次我和长沙某公在李处闲谈，某公出联命李作对，联云：

菊圃多娇，但愿名花常属我；

李福艳应声对曰：

梨园自乐，只凭高艺不依人。

对仗工稳，命意清高，庄重自恃，对某公的挑逗婉言顶了回去。

晚年，李在如意街开茶馆营生，曾作一联云：

昔年舞榭曾纠酒；

今日当炉学卖茶。

旧社会歌坛舞榭中，竟有此咏絮高才！惜其遇人仳离，赍志以殁，作品又散佚不传，殊可悲也！

后　记

《衡岳漫话》是继《新编文史笔记丛书》湖南分册第一集《潇湘絮语》出版之后的又一个集子。

湖南人文竞秀，流风余韵，遗闻逸事，题材十分丰富，我们撷取了其中一部分可堪回味的珍品。《衡岳漫话》分为往事钩沉、人物实录、文坛记事、学宫琐记、艺苑寻踪、芙蓉漫游、湖湘特产、民俗杂谈、体育遗闻、楹联佳话等十个栏目，共一百二十篇文章。内容力求真实，简练，有新意。时限从清末民初至解放前止。作者基本上是人物事件的亲历、亲见或亲闻者。由于篇幅所限，有些稿件只好割爱，谨致歉意。

本书主编为彭小峰同志，编辑为戴铁珊、龚业隆、吴微波同志。由于水平有限，书中不足之处，敬希读者批评指正。

谨向为本书撰稿的所有同志和支持本书出版的领导和有关部门表示最诚挚的谢意！

编　者